Eric Alliez (1957) Middlesex Üniversitesi (Londra) Modern Avrupa Felsefesi Araştırma Merkezi'nde Çağdaş Fransız Felsefesi profesörüdür.

Eserleri : *Le Temps des capitaux* Cilt: 1, *Recit de la Conquete du Temps* (Gilles Deleuze'ün önsözüyle), Cilt: 2, *La Capitale du temps – 1. L'Etat des choses,* Paris, Cerf, 1991/1999; *La Signature du monde, ou Qu'est-ce que la philosophie de Deleuze et Guattari?*, (Paris, Cerf, 1993) (iki ilave metinle birlikte İngilizce çevirisi : *The Signature of the World. Or What is the Philosophy of Deleuze and Guattari?*, London: Continuum, 2005); *De l'impossibilité de la phénoménologie. Sur la philosophie française contemporaine*, (Paris, Vrin, 1995); *Deleuze. Philosophie virtuelle*, (Paris, Synthélabo, 1996); *Gilles Deleuze. Une Vie philosophique* (editör), (Paris, Synthélabo, 1998); *La Pensée-Matisse.* (J.- Cl. Bonne ile birlikte), (Paris, Le Passage, 2005); *L'Œil-Cerveau. Nouvelles Histoires de la peinture moderne* (J.-Clet Martin ile ortak çalışma), (Paris, Vrin, 2007).

Şu sıralarda estetik araştırma programının son cildini teşkil eden ve henüz yayınladığı «Organsız beden, İmgesiz Beden: Ernesto Neto'nun Anti-Leviathan'ı», *A Culpa Civilizada* içinde. *Ernesto Neto*, Musée des Beaux Arts de Nantes, 2009 ile bağlantılı bir metin olan *Defaire l'Image* üzerine çalışmaktadır.

TransArt's dizisinin (E. Samsonow ile birlikte, Viyana: Turia + Kant, 1999/2000/2001/2003)ve *Œuvres de Gabriel Tarde*'ın (Paris: Les Empêcheurs de penser en rond / Seuil, 1999-2004)editörüdür.

Bahar 2009'a kadar Güncel Sanatla ilgili bölümünü yönettiği *Multitudes* dergisinin kurucu üyesidir.

KAPİTALİZM VE ŞİZOFRENİ VE KONSENSÜS.
İLİŞKİSEL ESTETİK ÜZERİNE

ERIC ALLIEZ
Çeviren: Tuğba DOĞAN

BAĞLAM

Bağlam Yayınları 324
İnceleme-Araştırma 225
Theoria Dizisi-27
ISBN 978-605-5809-21-8

Theoria Dizisi Editörü: Ali Akay

Eric Alliez

Özgün Adı: Capitalism and Schizophrenia and Consensus. Of Relational Aesthetics
Kapitalizm ve Şizofreni ve Konsensüs. İlişkisel Estetik Üzerine

© Eric Alliez
© Bağlam Yayıncılık

Birinci Basım: Nisan 2010
Kitap Tasarımı: Canan Suner
Yayına Hazırlayan: Ebru Yetişkin
Kapak Fotoğrafı: Eric Alliez, *One + One,* 2008
Baskı: Önsöz Basım Yayıncılık
Feritpaşa Caddesi Sıraevler Sokak No: 16 Bahçelievler / İstanbul

BAĞLAM YAYINCILIK Ankara Cad. 13/1 34410 Cağaloğlu/İstanbul
Tel: (0212) 513 59 68 / 244 41 60 Tel-Faks: (0212) 243 17 27
Web: www.baglam.com e-mail: baglam@baglam.com

İÇİNDEKİLER

ÖNSÖZ / ALİ AKAY 7

KAPİTALİZM VE ŞİZOFRENİ VE KONSENSÜS.
İLİŞKİSEL ESTETİK ÜZERİNE 19
   Popülist Giriş 19
   Özel Efekt Senaryosu 24
   Altermodern Son Söz 45

ÖNSÖZ

1990'lı yıllardaki sanatsal çıkışın ele alınışı Nicolas Bourriaud'nun *İlişkisel Estetik* adını verdiği sanatsal çalışmayla yeni bir açılıma girmişti. 1990'lı yıllarda sanat, güncel sanat olarak daha önce var olan formlardan, eserlerden ve kullanımlardan yola çıkarak çalışmaya başlar. Gitgide daha çok sanatçı var olan eserlere göndermelerle, onlarla ilişkiye girerek çalışmalar gerçekleştiriyor. Bourriaud'ya göre, "kültürel ürünler yorumlanıyor ve yeniden yorumlanıyor".[1] Hatta bu tip çalışmaları, Bourriaud, bir "DJ ve programcıya" benzetmektedir. Sanatçılar önce sosyallik modelleri yaratmaya başlamışlar ve ardından da temellük etme, kopyalama, göndermeler yapma, anıştırma, hatırlatma, benzetme, yeniden kullanma, kendine mal etme gibi pratikleri gerçekleştirmişlerdir. Türkiye'de sıklıkla gündeme gelen, "kopya mı çekti? çaldı mı?" gibi tartışmaların içinden düşündüğümüzde ise postprodüksiyon kavramıyla kopya kavramı arasındaki yataygeçişliliğin hiç sorgulanmamakta

---

[1] Nicolas Bouriaud, *Postprodüksiyon*, Çev: Nermin Saybaşılı, Bağlam Yayınları, 2004, s.22

olduğu olgusunu hatırlayabiliriz. *Postprodüksiyon* ve *İlişkisel Estetik* kitapları bize bu tip sanatçı pratiklerinden yola çıkarak kuramsallaşan bir sanat durumunu serimlemiştir.

Nicolas Bourriaud çağdaş sanatlardaki gelişmeyi sosyolojik bir şekilde teknolojinin ve toplumsalın vaziyetine kıyaslayarak bir okumaya girişmiştir: 1960'ların pop ve minimalist sanatı endüstriyel üretim ve kitle tüketiminin üzerinden ortaya çıkmıştı; Pop ise süpermarket ve tüketim toplumunun sanatına tekabül etmekteydi. Kavramsal sanat ise, yönetsel estetik ve hizmet sektörüne bağlı olarak gelişti. Kavramsal sanatın erken 1970'lerinde ise bilgisayarlaşmanın başlangıcı söz konusudur. Ve bu anlamda da "zamansız" olarak Nietzschevari bir kavramla okunur. 1975'de mikrobilgisayar ve 1977'de Apple II ortaya çıktığında ise Art&Language grubu çalışmalarını sürdürmekteydi. On Kawara "dosyalar içinde kendi işaretleme sistemini kurmuştu". Ortak kullanılan araçlara verilen ad olarak *sampling* müziksel olarak Barthes ve Foucault'nun "yazarın ölümü" ile eşleşmekteydi. Douglas Gordon'un çalışmaları 24 saatte "Psycho"yu yayması sanatı yeniden kullanılım meselesine soktu ve hazır kulanım nesnelerinden bir sanat yapılmaya başlandı.

Nicolas Bourriaud "Sanatsal etkinliğin formları ve işlevlerinin değişmez bir öz değil, ama çağlara ve toplumlara göre evrilen bir oyun" olduğunu yazmaktadır. Kitabın başlangıç cümlesi sanatın bir tarihsellik ve bir

Önsöz

paradigmatik dönüşümü olduğunu vurgulayarak başlamaktadır. Bu duruma göre sanata bakan eleştirmenler, durum analizi yaparak bu değişen durumu incelemeye tabi tutmalıdır. Modernizmin tükendiğini, Greenbergvari bir biçimciliğin veya minimalist ve kavramsal çıkışların bir devamı olarak "ilişkisel estetik" her şeyden de önce bir mirası taşımaktadır; ancak bu mirasın "içinin boşaldığını" yazan Nicolas Bouriaud'ya göre, güncel sanat pratiklerinde bu miras kullanılmaya devam edilmektedir. Yani, bir cümleyle daha alıntılarsak, "ölen modernizm değil, onun ereksel ve idealist yanıdır". Öncülüğün karargahına çekildiği bir dönemde sanat başka demokratik pratiklerle işlemeye başlamıştır. Burada Bourriaud vermiş olduğu örneklerde Althussser'in 'daima hareket halindeki dünyanın temposuna ayak uydurmaktan', Gilles Deleuze'ün 'otun ortadan bittiğinden', Michel de Certeau'nun şimdiki zaman 'kültürünün mirasçılığından' söz etmektedir. Siyasi olarak da 'demokratik merkeziyetçi' kafalara güncel sanatın yavan geleceğini vurgulamıştır. Buna karşılık Maurizio Cattelane'ın bir cümlesinden alıntı yaparak "Dolce Utopia" dönemine girilmiş olduğunu düşündüğünün altını çizmektedir. Buna göre de, ilişkisel sanat sanatı sembolik formlardan (Panofsky), özerklikten (Greenberg) ayrı bir şekilde ele almak gerekliliğini vurgulamaktadır. Buna göre de sosyolojik olarak megalopollerin döneminde olduğumuzu söyleyebiliriz.

Ali Akay

Ulus-devletlerin yerini almaya başlayan başka sosyal formlarla işleyen ağ toplumlarının (Deleuze ve Guattari, Bruno Latour) içindeki güncel sanattan bahsetmektedir. Yalnız bu cümlelerin ardından gelen dayanağı karşılıklı öznellik olan olarak ileri sürülen veya başka türlü çevirmeye kalkarsak öznellik-arasılık meselesinin güncel sanatın dayanağı olduğunu söylemesi bir çelişkiye doğru götürmektedir bizi felsefi olarak; o da Habermas'ın felsefesine ait bir kavramın Deleuze ve Guattari'ye olduğu kadar Lyotard'a da yabancılığıdır. Fakat burada, Nicolas Bouriaud'nun tercihinin sanatın alımlanması üzerine olduğunu Düşündüğümüzde Marcel Duchamp'a yaslanan bir bakışın, tabii ki, sanatın anlamının hem sanatçı hem de onun eserine bakan tarafından verilmesinde yatan bir ilişkisellikte yattığını da düşünebiliriz.

Eric Alliez'in metni ise güncel sanatın popüler kültüre yönelik haline bakarak eleştirelliğin, ilişkisellikle bile olsa, şizoanalitik bakışının içinde öznellikler-arasılığa indirgenemeyeceğini vurgulamaktadır. Popülist veya popüler kültürün bugün siyasi olarak ele geçirdiği dünyanın içindeki eleştirelliğin popülizm üzerinden değil de, popüler kültürün eleştirisi üzerinden yapılabileceğini görmek lazımdır. Burada Avusturya, Fransa gibi Batı'nın aşırı sağcılarının yükseldiği ülkelere göndermelerle Eric Alliez bu popüler kültür ve popülizm arasındaki sınırın nerede bitip nerede başlayacağının sorgulamasını düşünmektedir. Eğer bu tip bir modernizm "istisna

Önsöz

Devletine" yol açmaktaysa, bu sanatın estetize edilmesiyle ilişkilidir. Bir komünizm varsa da bu bir "kapital komünizmidir". Eric Alliez, bize sunduğu metninde liberalizmin yeniden üretilen gücüne ait olan kapitalizmde ise 'Şizofreni ve Konsensüs'ün birlikte işlediğini vurgulamasıdır.

Bourriaud ise 1990'lı yılların başında, daha aşırı sağ heveslerinin bugünkü kadar büyümediği bir dönemde, postmodernizme olan bir 'mahkumiyetin' aslında bir istisna olmaktan çok daha fazla bir şans olduğunu vurgulamaktadır. Yani "dünyayı basmakalıp bir tarihsel evrim düşüncesine göre inşa etmeye çalışmak yerine, dünyada daha iyi yaşamayı öğrenmektir" asıl sorun. Ütopya değil ama içinde yaşanan gerçeklik içindeki varoluş şekillerini bulmak güncel sanatın işlevi olarak durmaktadır. Eric Alliez ise 'ilişkisel' olan bir estetiğin popüler kültür ile olan alakasını sorgulamak üzere Nicolas Bourriaud ve Jerome Sans'ın Paris Belediyesi tarafından organize edilen, "Beyaz Geceler" sergisine yaptıkları küratörlüğün eleştirisiyle başlamaktadır. Aslında, sergiyi gören biri olarak Paris'teki "Beyaz Geceler" sergilerinden en ilginçlerinden birisi olan bu sergideki yaklaşımın büyük bir bienal niteliğinde olduğunu söylemek istiyorum. Buradaki mekanların seçilişi, sanatçıların yerleştirmelerinin dağılımı açısından başarılı bir sergi izlediğimizi hatırlamaktayım. 2006 yılında Paris Uluslararası Milli Sanat Tarihi Araştırma Merkezi INHA'daki çalışmalar

Ali Akay

dolayısıyla bulunduğum şehirdeki bu sergi ilginç bir şekilde Palais de Tokyo'dan ayrılmış olan Nicolas Bouriaud ve Jerome Sans'ın Lyon Bienali'nden evvelki son beraberliklerinden birisiydi. Palais de Tokyo'daki çalışmalarıyla Paris'deki müzeal anlayışa yeni bir dinamik getirerek yeniden bir canlanmayı ortaya çıkaran Bourriaud ve Sans'ın sergileri, neticede eleştiriler almış olsalar da, Fransa'nın güncel sanat dünyasındaki kaybolan itibarını geri almak üzere bir hamlede bulunmuşlardı.

Eric Alliez'in eleştirisi ise, Fransa'daki 2005 Lyon Bienali kataloğuna yazan Nicolas Bourriaud'nun zaman üzerine olan vurgusudur. 1960'larla 1970'lerdeki devrimci hareketlerin bugün ile ilişkisini vurgulayan Bourriaud'nun 'öznellikler-arasılık kavramına' işaret etmektedir. Öznellikler-arasılığın mikropolitikası tarafından temsil edilen bir siyasetin bir ilişkisellik mikropolitikasını canlandırmak isteyişini anlamsız bulur gibi durmaktadır. Ve buna göre, 'ilişkisel estetiğin şizofrenisi, iletişimin yeni evrenselleri üzerinde sörf yapmasıyla ortaya çıkan alternatif demokratikleşmenin bir tür işlevi gibidir'. Bu yaklaşımla, Eric Alliez, klasik bir şekilde bienallerin ve trienallerin ve de küratörlerinin "kapitalizmle oynadıkları oyunun" eleştirisini yapmakta olduğunu bize düşündürtmektedir. Bienallerin bir bakıma Bütünleşmiş Dünya Kapitalizmi'ne eklemlenmekle yükümlü olarak şehrin pazarlanmasını

Önsöz

gerçekleştirdiğini vurgulaması, benzer bir şekilde Brian Holmes'un eleştirel bakışına da yakın durmaktadır.

Nicolas Bourriaud, *İlişkisel Estetik* kitabının son bölümünde yer alan ve daha önce *Chimere* dergisinin Guattari özel sayısında (No:21, 1994) yayımlanmış olan yazısında Guattari'nin Duchamp'dan yola çıkarak yaptığı vurguya değinmektedir[2]. Buna göre tarihi olarak, Tanrısal varlığın imge formundan Rönesans'ın perspektif merkezli projeksiyon yönetime giden çizgide bakanın perspektivist bakışında simgesel bir sosyalliğin içine yerleşmeyi öngören anlayışın modern sanatlarda eşzamanlı bir bakışa dönüşün hikayesini anlatırken, Bourriaud, Rothko ve Pollock ile birlikte Amerikan resminde bakan kişiyi renklerden oluşan bir ortama sardığını ve hatta boğduğunu da vurgular. Bu sarıp sarmalamayla ikona resimlerinin 'hedeflediği etki' ile benzerlikleri olduğunun ön kabulüne göre, biçimsel bir ortama doğru yöneltilen bir insanlık olduğunun altını çizer. Eric Troncy'de bu ilişkiye istinaden "bakan kişiyi bu ortamla veya inşa edilmiş bir çevreyle saran bu alan konusunda *"all around"* etkisinden söz edildiğini" İşaret eden Nicolas Bourriaud, bunun *"all over"*'ın tersi olduğunu yazmıştır. Bu şekilde 'duygu, bakan kişiyle sanatçı arasındaki bir karşılıklı eylem gücü' olarak durmaktadır.

---

[2] Nicolas Bourriaud, *İlişkisel Estetik*, Çev: Saadet Özen, Bağlam Yayınları, İstanbul, 2005

Ali Akay

Bu tartışmanın odak noktası olan Guattari'nin metnine baktığımızda ise, Yeni Estetik Paradigma adlı yazıda Felix Guattari, öncelikle sanatın çok geç dönemlerde arkaik toplumlardaki sosyal ve antropo-etnolojik boyutundan ayrılarak sanatsal bir özgünlük alanına girdiğini vurgulamakla başlar[3]. Anlatımın Kolektif Düzenlemesi olarak adlandırdığı kavramsallığın içinde sanatın aile ilişkileri, sosyal ilişkilerden önceleri kopamadığının altını çizer. Modern zamanlarda öznelliğin billurlaşması sayesinde bu öznelliğe ek olarak gelişen sanat bir ayrıcalık alanı haline gelmeye başlar. Arkaik toplumlarda bireysellikten çok çoklu semiyotizasyon söz konusudur. Herkes yataygeçişli kimliklere sahiptir ve dolayısıyla tek bir kimlik etrafında toparlanma daha o zamanlarda meydana gelmediği gibi modern zamanlarda da kimlik şüpheli bir kavramdır ve kısmi öznelliklerin kesişmelerinde meydana gelir. Bu anlamda Durkheimcı bir işbölümünden çok uzaklardadır. Felix Guattari'ye göre[4], politik, ekonomik, dini, sosyal alanlardan ayrı bir estetik alan yoktur. Anlatımın Kolektif Düzenlemesi'nin yersizyurd-suzlaşmasıyla birlikte öznelliğin bir tip bireyleşme (individuation) üzerine doğru yönlendiğinin üzerinde durur. Burada çokyönlülüğün ve çok adlılığın kaybolmaya başladığını görmekteyiz ve bunların yerine birçok arkaik

---

[3] Felix Guattari, *Chaosmose*, Galiee, 1992
[4] Felix Guattari, *a.g.e.*, s. 138

Önsöz

toplumlardaki insanların adlarının çokluğunu düşündüğümüzde bunun kaybolduğunu saptayabiliriz. Bunların yerine yeni oluşumlar meydana gelmeye başlar, çoklu adların azalmaya başladığını fark ederiz. Varoluş evrenlerinin ise çoklukları terk ederek, atomize olduklarını söyleyebiliriz. Felix Guattari, bu değişim hakkında, Anlatımın Kolektif Düzenlemesi'nin yersizyurdsuzlaştığını ileri sürer. Bu parçalanma ve bölünmeyle evrenler arasındaki özgünlükler ortaya çıkmaya başlar. Değerlendirme biçimlerinin bu sektörleşmesi çağımızın anlayışına damgasını vurmuş olur. Mesela Rönesans prensinin satın aldığı koleksiyon bir eserler bütünü olmaktan çok prestij nesneleri veya merak odaları *(Cabinet de curiosites)* nesneleriydi. Orta Çağın el zanaatçılarının dindar çalışmalarındaki eserler bugün bizim için eser yerine konulan şeylerdir ve o dönemin anlayışına bugün biz artık kapalıyızdır. Sadece kültürel ve teknolojik olarak gözüken şeylerin bizim için estetik nesneler olması ise o dönem anlayışına çok uzak durmaktadır. Guattari sadece şunu yazmaktadır: Anlatımın Kolektif Düzenlemesi'ne göre, bugün Kübist sanatçılarla onların etkilendikleri nesneleri yanyana sergilemek yeniden mümkün olmaya başlamıştır. Veya Aby Warburg'dan yola çıkan bir sanat tarihi antropolojik olanla estetik olanı yan yana koyabilmektedir. İlişkisellik yeniden ayrı bir anlatıma oturmaya başlamıştır. Tarihi, ekonomik, kültürel, mitolojik veya sanatsal olanların birbirlerinden ayrıldığı bir estetik semiyotik bugün ne ölçüde tekrar yan yana gelebilmektedir? Bu anlamda Felix Guattari, Marcel Duchmap'ın bir sözcesine yaslanarak bitimli ve bitimsiz evrenlerin nasıl kesişebileceği sorusunu sorar: 'Sanat zamanı ve mekanı düzenlemeyen bölgelere doğru giden bir yoldur'. Düşüncenin, eylemin, duygulanımların zamana ve mekana bağlı olmayan bir yeniden düzenlenmeleri söz konusudur. Bunlar sonlu ve sonsuzu birbiri içine sokmaktadır. Zaman içinde ve mekanda bunlar yan yana birbiri içine girerek ilişkilendirilebilmektedir. Bir alandaki mutasyon diğer alanlardaki değişinimleri de etkileyebilmektedir. Bunlar yataygeçişli bir şekilde değişime uğrayabilir ve mutasyonların bir paradigması meydana gelebilir. Yeni Estetik Paradigma da bütün bu mutasyon fikriyle alakalı olarak durmaktadır. Burada artık kurallaşmış, sabitlenmiş, kabul görmüş bir sanat dünyasının eserlerinin dışına çıkmaya başlarız: Melaine Klein'in "kısmi nesneler"i gibi, eserler de süreçsel bir ayrıma girmeye başlarlar. Bilinmeyene, tanınmayana doğru bir açılım başlar. Burada alışkanlıklar sona erer ve yeni bir estetik paradigma sanatın ontolojik olarak bilinmeyene doğru açılması ve tanınmayanı tanımaya başlamasıdır. Kaozmatik ilk katlanma bir süreçselliği meydana getirmekteyken, ikinci katlanma artık oluşmaya başlayan süreçsel bir sanatı ortaya çıkarmaya başlar. Bireylerarası trans-göçebe ilişkilerde disiplinlerin kapalılığı sorgulanmaya, değer evrenlerinin kendilerine

Önsöz

kapalılıkları açılmaya, köksapsal bir şekilde dağılmaya ve bölüşmeye başlar. Bedenler kendilerini diğer bedenlere açar ve bilinmeyen sevilmeye başlar. Bedenler kendi içindeki ötekilikleri dışarı çıkarır, diğer bedenlerle kesişmeler yaratır ve bedenin yeni bir tanımı ileri sürülür. Açılmış ve trans-göçebeliğe doğru kaymış bedenler arasındaki ilişkiler ile disiplinler arası ilişkiler birbirlerine destek olur. Hep beraber işleve sokularak, çalışarak, kısmi parçaların otopoietik bölümleri farklı, çeşitli, değişken bir hareketle her biri bedeni aktifin ve pasifin ikili sonsuzluğunda işleme koyar. Kısmi nesnelerin birbirleriyle girdikleri bu tip ilişkilerde her bir kısmı nesne kapalılığını terk ederek açılır. En otistik ve kapalı kısmilikler bile bireyleşmeler- arası bir ilişkide öznesiz biçimlerini bulur. Sanat bu yeni estetik paradigmanın en çok çalıştığı alan haline gelir.

Sanat ve felsefe okuyucuları için Yeni Estetik Paradigma kavramı üzerine yapılan "iç tartışmalardan" birisini okuyucuya sunmak ve bu tartışmaların belki de Türkiye'de de canlanmasının gerekliliğini düşünerek, Nicolas Bourriaud'nun *İlişkisel Estetik* ve *Postprodüksiyon* kitaplarının Türkçe'ye çevrilmesinden sonra Eric Alliez'in bu küçük metnini yayımlıyoruz.

Ali AKAY
İstanbul, 29 Ağustos 2009.

KAPİTALİZM VE ŞİZOFRENİ VE KONSENSÜS. İLİŞKİSEL ESTETİK ÜZERİNE*

Popülist Giriş

> *Ve hiç şüphesiz mücadele bir **karşı** mücadele olarak görünmektedir [...]*
> *Ama daha önemlisi, mücadele edenin kendisi mücadeledir:*
> *Mücadele onun kendi parçaları **arasındadır**, zapt eden ya da zapt edilen güçler arasında ve bu güçlerin ilişkilerini ifade eden güçler arasındadır.*
>
> Gilles Deleuze, *Essays Critical and Clinical*

Fransız sanat eleştirmeni Eric Troncy'nin yaklaşık on yıl önce kaleme aldığı 'Stokholm Sendromu' adında hoş bir makale vardır. Daha sonra Baudrillard'ın Troncy üzerinden yeniden başvurduğu 'Stokholm Sendromu',

---

* İlk olarak Tate Britain'da sunulan (14 Ekim 2006) bu yazının farklı versiyonları *Plato*'da (İstanbul), sonra *Verksted* (Oslo), *Multitudes* (Paris), *Glenta* (Stockholm) ve *Z/X* (Auckland)'da yayınlanmıştır. İlk çeviri *Z/X* #3 için Tim Adams tarafından ve son düzeltmeler de Robin Mackay tarafından yapılmıştır

Eric Alliez

sosyo-kültürel konsensüsü doksanların moda 'görünüm'üne indirgenmiş bir avangard estetiğe bağlayan paradoksal ilişkilere gönderme yapmıştır. Bu durumun kötü biteceği gerçeği - bugün Troncy sanat yapıtının seçkinci konumundan ('gündelik' kusursuz cinayet!) feragat etmesi hasebiyle güncel sanatın en radikal ready-made'i olarak TV üzerine acayip savunma metinleri yazmaktadır - makalenin açılış satırlarını daha lezzetli kılar: bu kısa ömürlü berraklık anından temellük ederek alıntılıyorum: 'Söz konusu olan, devrimci arzunun iletişimin küçük kapısından tahliye edilmesinden başka bir şey değildir, aynı zamanda başkalık *(alterity)* da aynı kapının devasa oyuğundan boşaltılmaktadır.[1]

Beni ilişkisel estetiğin bir tür klinik ve kritik ele alınışını popülizmin bulanık ışığı altında sunmaya iten provokasyonla ilgili yakınlarda Paris'te Nicolas Bourriaud ve Jerome Sans tarafından *Nuit Blance* (ya da *White Night Event*) başlığı altında örgütlenen, uykusuz bir gecenin şafağının habercisi olarak tasavvur edebileceğimizden daha iyi bir giriş düşünemezdim. O halde dolaysız olacağım; bu sorunu *gerçekten* daha iyi süpürebilmek (ya da karşılığında kendim süpürülmek) için 'popülist' öznenin

---

[1] E. Troncy, «Le syndrome de Stockholm», Documents sur l'art, n° 7, printemps 1995; yeni baskı. Id., *Le colonel Moutarde dans la bibliothèque avec le chandelier* (textes 1988-1998) içinde, Paris: Les Presses du réel, 1998, s. 49.

imalathanesine iki ayağımın üzerinde zıplayarak doğrudan atlayacağım: 'bugün estetik ve siyaset arasında üzerine çalışılacak anlamlı bir ilişki bulunmakta mıdır?'

Bunu yapmak için *The Populism Reader*'ın açılışında yer alan şu ikaz edici notu sahiplenerek Kendimiz ve bizler arasındaki mücadeleyi ortaya koymaktan çekinmemeliyiz: 'popülizm üzerine bir proje, kavramı farklı biçimlerde kullanma hakkını temel bir hak olarak benimsemelidir... Farkı canlandırmalıdır. Kendinden de farklılaşmalıdır.'[2]

O halde şimdi açık bir biçimde ifade etmeye çalışacağım baştaki ve görünüşte tartışmalı beyanı farklı boyutlarıyla denemeyi riske edelim:

(1) Güncel popülizm, Halkın ifade etme biçiminin nihai (yani tam ve en son) biçimidir.

(2) Güncel Popülizm Halkın, siyasi bir özne olarak izlediği yörüngenin tarihsel olarak sona ermesinden, gerçek sosyalizm ve gerçek sosyal-demokrasi arasında küresel olarak müzakere edilmesinden ve devletçi-proleter birleşme ile Refah Devleti'nin ortak-yönetimine entegrasyonunun genişletilmiş yeniden üretiminden *sonraki* tarihsel sonrası/siyaset sonrası ifadesidir.

---

[2] Dieter Lesage, 'Populism and Democracy', *The Populism Reader* içinde, Ed: Cristina Ricupero, Lars Bang Larsen, Nicolaus Schafhausen, Berlin/New York: Sternberg Press, 2005.

Eric Alliez

(Oyların 80'lerde kitlesel olarak Fransız Komünist Partisi'nden Milliyetçi Cephe'ye, yakınlarda da Milliyetçi Cephe'den Sarkozy'ye geçmesi, ya da Avusturya Sosyalist SPÖ'den Jorg Haider'in aşırı sağ partisine, sonra muhafazakar ÖVP'ye, son seçimlerde de yine birinciye geçmesi, Halkın Adı politik bir özne olarak aşkınlığından ve reformculuğun ekonomik aktörü olarak da gerçekliğinden *mahrum edildiğinde* doğmuş olan emsalsiz bir akış halindeki Göstereni anlaşılır hale getirmektedir. Bu bir *imgesonrası* fenomeni midir?)

(3) Güncel popülizm, 'halkın eksikliği durumunda' *siyaset ve hayatın metalaştırılmasıyla* biçimlendirilen bir gölgedir ve bu eksiklik içinde, konsensüsün bir ürünü ve medya uygulaması olan parlamenter demokrasi gerçekliğinin (en) 'tehlikeli Ek'i haline gelir.

(4) Güncel popülizm, Dünyanın Geri Kalanı ve Dünyanın (Felix Guattari"yle birlikte *Entegre Edilmiş Dünya Kapitalizmi* adını verdiğim şeyin gerçek kapsamı içinde Hiçbirşeyin kalmadığı Dünyanın 'harici' olan kısmı)[3] eşit biçimde seçici/katılımcı/interaktif *infoeğlence* yönetselliğine teslim edildiği zaman hemencecik 'ikili karşıtlık haline getirilmiş' Dünyanın Geri Kalanını ifade etmesi nedeniyle

---

[3] Eric Alliez, Félix Guattari, «Capitalistic Systems, Structures and Processes», Felix Guattari, *Molecular Revolution* içinde, London: Penguin Books, 1984, s. 273-287.

baskın olan küreselleşmiş Postmodernitenin siyaset-sonrası biçimidir.

(5) (Bir bilmece kisvesi altında) 'Siyasetin estetize edilmesi', İstisna Devleti' popülizminin modern biçimine yol açmış ise, mutlak pazar biçiminin güncel çağında kendi doğrudan demokrasi halüsinasyonunu zaruri olarak 'yapacak' olan estetik(sonrası) (neo)popülizmin adı nedir?

(6) (Kontrolsüz bir ivme kisvesinde) Bir çokluk popülizmi ya da daha açıkça söylenecek olursa çokluğun estetik (sonrası) öznesi ve 'yeniden-estetize etmenin' nesnesi olacağı bir popülizm var mıdır? Görüş ayrılığının estetize edilmesi, kendi 'açık' ve 'ilişkisel' niteliklerini ileri süren antagonizm ve/veya köktenciliğinin ötesinde bulunan ve kendi eğlence değerini (value of conviviality) doğrulayan postmodernist konsensüsün sergilenme biçimine nerede dönüşür...?

(7) ('Hiçlik değil ama iktidarsızlık...') – ilişkisel varlık niteliğiyle sanat ve çokluktan ziyade ilişkisel bir estetik mi?

(8) ('... Yani iktidarsızlığın ele geçirilmesinin iktidarı') – ya da başka bir deyişle bu, burada 'biçimsel komünizm' olarak adlandırılacak olan post-fordizmden onun genel rejimi olan 'postprodüksiyonu' ödünç alan 'kapital komünizm'dir.

Baudrillard'ın bu tarz meselelere dair sergilediği ve insanı hayrete düşüren bir tepkisel ustalıkla 'kutsal

Eric Alliez

Kültürel İttifak' adını verdiği ve okuyucuların bilgisine sıkıntılı zamanlar için imkansız bir giriş olarak sunduğu şeyi yapmayı/yapmaktan vazgeçmeyi başarmak amacıyla bunu 'kendi aramızda' ileri sürüyorum.

* * *

Özel Efekt Senaryosu

(Tekno, duygulara uygulanmış komünizmdir)
Nicolas Saunders, *E for Ecstasy*

Tartışmanın çabucak bir eskizini verirken sanatçıları, işleri, onların rejimlerini ve sergi mekanlarını (Paris'te Nicolas Bourriaud ve Jerome Sans tarafından kurulan ve yakın zamana kadar birlikte yönetilen Palais de Tokyo'daki 'güncel yaratının mevkii'nden başlayarak) bir tarafa bırakarak kendimi sınırlayacağım. Daha ziyade, alabildiğine yayılması sayesinde tuhaf bir şekilde bize tanıdık gelmeye başlayan (dolayısıyla da okumamı yönlendiren 'semptomal' prensip sayılan) bir söylem düzeni üzerinde duracağım: *ilişkisel estetik*. Doksanların sanatı üzerine odaklanan estetiğin etrafını saran 'yanlış anlamaların' 'kuramsal söylemin açığına', yani altmışların eleştirel sanatının kırılmasını anlamakta başarısızlığına,

Kapitalizm ve Şizofreni ve Konsensüs. İlişkisel Estetik Üzerine

borçlu olduğunu ileri süren bu söyleme artık *hepimiz oldukça aşinayız*. Ne kadar tanıdık, etrafımızdaki her şeyle ne kadar 'rezonant' (titreşimli, uyumlu, ahenkli) görünse de 9oların *bu* sanatı, kendi tefsirinin görsel-işitsel arşivinden; sanat dünyasının yeni bir bölümünü (*hâlâ* modern ve *sonunda* güncel olan) sözüm ona canlandıran *ilişkisel biçimin* içine yatırılmış bir yorumdan başka bir şey *olamazdı*. Bourriaud'nun betimsel olan ve alışılagelmiş olanın arasında bir yerlerde bulunan ifadesini, bu anlamda; 'sanatın satranç tahtasında 'her nasılsa sonuna kadar oynanıp bitirilmiş olan bu en canlı unsurun interaktif, kullanımı kolay ve ilişkisel kavramlarla ilgili olması zorunluluğu'[4]na göre yeniden okuyabiliriz.

---

[4] Nicolas Bourriaud, *Relational Aesthetics*, çev. Simon Pleasance, Fronza Woods ve Mathieu Copeland (Dijon: Les Presses du réel, 2002), s. 8. (Nicolas Bourriaud, *İlişkisel Estetik*, Çev : Saadet Özen, Bağlam Yayınları, 2005) Betimsel olan ve alışılagelmiş olan arasında dedim çünkü sonradan geri dönme gereği duymaksızın en baştan belirtmeliyiz ki ilişkisel form-işlevin izolasyonu, örnek niteliğindeki sanat yapıtlarını sadece 'açık işlere', katılımla 'açılan' işlere indirgeyerek sanatçıların seçimini bu eğilimi ('en canlı' olanı) temsil etme şartına bağlar, *pars pro toto* Hans Ulrich Obrist'e göre kapitalist metalaştırmadan ayrılmış 'toplumsal bir ara yüz'ü deneyimleyen halk. Nicolas Bourriaud'nun daha sonraki tartışmalarını okurken *İlişkisel Estetik*'te işlerinden örnek verilen '1990'ların Sanatı' bölümünde ('Katılım ve Geçişlilik' adlı ilk bölümde) göze çarpan bir biçimde başrolü oynayan Rirkjit Tiravanija'nın 'ilişkisel sanat'ın en pragmatik figürü olduğu görülür. Bu bizi Tiravanija'nın ve küratör,

Eric Alliez

eleştirmen tarafından anılan diğer sanatçılarının (örneğin Felix Gonzales-Torres, Gabriel Orozco, Patrice Hybert ya da Philippe Parreno), sanat yapıtlarının, enstalasyonlarının bile kendi kastettikleri sosyalliğin tarzları (örneğin katılımın sosyal boyutu) bakımından karmaşık ve yoldan çıkmış olduklarını fark etmekten alıkoymamalıdır. Bunu vurgulamak için (1)1990'ların sanatını monoton ilişkisel estetik başlıkları altında kaydetmeyi reddederiz (Santiago Sierra bunun tam bir karşı örneğidir); (2) işlerin seçimi için iyi bir kriter, onların aşırı *vis-à-vis* tekrarlanan toplumsal özerkliğin sanatının gerçekleşmiş sanatvari 'mikro-ütopyası' olarak gerçeklik-durumunun 'tevazu' ve 'zevk' çağrıları olabilir ('ilişkisel' yapıtı üreten emeğin metalaştırılması sergisinde Sierra tarafından sökülen)... Bu tarz aşırı bir kriter temelindedir ki kesin olarak Gordon Matta-Clark'ın müşterek *Yemek*'i Rirkjit Tiravanija'nın mutfak estetiğinin karşısına koyabilir (Karşılaştırınız NY, David Zwirner Gallery'deki 2007 sergisinde gıyabında Gordon Matta-Clark'ın *Open House* [1972]'unun çifte yeniden yapımını yan yana koyup sokağa, evsizlere açık olarak yerleştirerek Yemek'i geri getirir gibi yapan iş –ve Rirkjit Tiravanija'nın 303 Gallery'de sergilenen, Thai yemeğinin pişirilip ziyaretçilere servis edildiği *İsimsiz* 1992 adlı işi) Bildiğimiz gibi Matta-Clark şehir alanında Sanat-Biçimin toplumsal karşı-imarı içinde yer alan, sanat ve politikayı en yüksek gerilim noktalarında karşılıklı olarak sorunsallaştıran 'çevresel' faaliyetler ve müdahaleler tasarlayarak temsilden (sanat galerisi/sanat galerisinin kurumsal eleştirisi) kaçmaktadır.

Ama şimdi bu metindeki meselemize dönelim. Claire Bishop'un 'Antagonism and Relational Aestetics' (*Ekim 110* [Sonbahar 2004]) adlı makalesine cevabında Liam Gillick şöyle açıklar: '*İlişkisel Estetik* Bourriaud ve metninde gönderme yapılan bazı sanatçılar arasındaki enformel tartışmanın ve görüş ayrılığının sonucuydu... Kitap belirli eğilimlerin örnekleri olarak sürekli birlikte sıralanan

Kapitalizm ve Şizofreni ve Konsensüs. İlişkisel Estetik Üzerine

Eğer Bourriaud'nun doksanlar üzerine olan kitap-manifestosunu takip edecek olursak, kendisi olmaksızın güncel sanatın şimdiyle -'toplumla, tarihle, kültürle'- ilişkiye giremeyeceği bu kırılma, İki katmanlı ve paradoksal bir karakteristiğe sahiptir: Bu kırılma, - toplumsal rabıtadaki çatlakları onarıp, şenlik mekanlarını yeniden ziyaret edip, sürdürülebilir kalkınma ve tüketim biçimlerini, var olan imgelerin çatlaklarına girebilecek uysal enerjileri vs. arayarak - ortak bir dünya fikrinin kaybedilmiş anlamını eski haline getirecek *konsensüs* kategorisi tarafından imlenmiş bir estetiğin 'ilişkisel' perspektifine uyum sağlayabilir; ancak yalnızca 60ların ve 70lerin en yenilikçi kuramsal ve sanatsal pratiklerini kendi güçlerinden yoksun bırakarak, onları mütevazı biçimlere, *öznellikler-arasılığın mikropolitikasının* 'mütevazı irtibatlarına' yönlendirmek yoluyla. Bu durum, 'bağlantının' (ç.n. *linkage*) [yani *reliance*] (ç.n. bel bağlama) (kavramı 1960ların 'devrimciliğiyle' yaşanan bu kopuş sürecinin bütün veçhelerini önceden kestiren Michel Maffesoli'den ödünç alacak olursak)[5] tamamen yeni bir zihinsel ekolojisi

---

    sanatçılar bakımından baskın çelişkiler ve ciddi tezat sorunları taşımamaktadır' (Liam Gillick, 'Contingent Factors: A Response to Claire Bishop's "Antagonism and Relational Aesthetics"', *Ekim 115*, [Kış 2006], s. 96).

[5] Bkz. 2005 Lyon Bienali kataloğunda yer alan Michel Maffesoli ile söyleşi, Nicolas Bourriaud ve Jérôme Sans: *Expérience de*

hatırınadır; (Michel de Certau tarafından *The Practice of Everyday Life* kitabında 'kullanıcı'nın tüketim toplumuna *détournement*'ı (ç.n. yönünü değiştirmesi) ilkesi bağlamında 'biraraya getirilen' [ç.n. bricolaged] bir tema olarak)[6] *gündelik yaşamın yeniden keşfedilmesi* için işleme konulan bir bağlantı. Politik ekonominin ve politik ekonomi arzusunun onaylanmasıyla politik ekonominin ortadan kaldırılmasının eleştirisi için ağ-ekonomi liberalizminin kültürel mitlerini ikame eden bu spontane hermenötiği kucaklayan Estetik, postmodern yaşam için (ya da yaşamın postmodernleştirilmesinin: Bourriaud, 'dünyayı daha iyi bir biçimde yaşamayı öğrenmek' der.) bir 'alternatif' idman alanı haline gelir.

Dahası bu, *Sanat ve Yaşamın Bulanıklaşması*'nın postprodüksiyonunda yer alıp, sanatın yaşam-oluş politikasına (dispositif'in sanatı) karşı-gerçekleştirilerek

---

la durée (*Histoire d'une exposition*) (Lyon: Biennale de Lyon, 2005).

[6] Bourriaud'nun Certaucu temaları yeniden temellük etmesi, Gündelik olanın kültürel çalışmalar alanında uzun süredir var olan kurumsallaştırılması sürecini tamamlarken de Certau'nun teorisi kendi politik semiyotiğinin (kültürün 'kültürün üretici-olmayanlarının kültürel aktivitesi'ne odaklanan 'tartışmalı bir analizi') taktik ufkunu, yalnızca hermenötik olan bir projenin hatırına kaybeder Bkz. Michel de Certeau, *The Practice of Everyday Life*, çeviren: Steven Rendall (Berkeley: University of California Press, 1984). Fransızca başlığı; *L'Invention du quotidien*, Cilt 1, Arts de faire (1974).

başlayan ve biten bir sekansı izleyen, sanatın yaşam-oluş politikasını, diyalojik yapısını ('insanlar arası toplumsal alma-verme ilişkisi') 'gündelik mikro-ütopyaları' (yaşamla romantik ancak kararlı bir şekilde *yerel olan* bir uzlaşmayı) farklı şekilde besleyen ve varsayılmış bir duygu topluluğunun etik doğrulamasını kurabilecek gündelik yaşamın oluş-sanatına (*tavrın biçime dönüştüğü* bir *tavır* sanatına) dönüştürmektir. *Dolaysızlık* ve *yakınlığa* dair 'demokratik kaygının' bir bölümü olarak düşünülen 'toplumsal şeffaflığa' yönelik 'arzusu' tarafından 'etik' hale getirilen, 'biçimsel komünizm' (aktarılan parçadan aynen alınmıştır) talebini üst belirleyen ve 'yaşanılmış zamanı' 'yeni bir sanatsal kıta'[7] olarak yükseltmeyi amaçlayan bu hareket, gerçekliğini, -Jacques Ranciere'in gayet hoş biçimde belirttiği gibi- bilhassa 'daha dün radikal siyasi ya da sanatsal değişimi amaçlayan düşünce ve tutum biçimlerini yeniden kodlama ve dönüştürme kapasitesinden'[8] türetir. 'Pazarlamanın, kavram ve olay arasında kesin bir ilişki fikrini koruduğu' (Deleuze ve Guattari'nin *Felsefe Nedir?*'in Girişinde

---

[7] Bkz. Nicolas Bourriaud, *Postproduction* (Dijon: Les Presses du réel, 2003) (Nicolas Bourriaud, *Postprodüksiyon*, Çev: Nermin Saybaşılı, Bağlam Yayınları, 2004), *Formes de vie: L'art moderne et l'invention de soi* (Paris: Denoël, 2003) ve *Expérience de la durée* (histoire d'une exposition) (Lyon: Biennale de Lyon, 2005).

[8] Jacques Rancière, *Malaise dans l'esthétique*, (Paris: Galilée, 2004), s. 172.

yazdıkları gibi)⁹ iletişim ve hizmet kapitalizmi çağında, pazarlama kültürünün kültürün yaşam tarzı olarak pazarlanmasını yönettiği 'denetim toplumunun' laboratuarı haline gelmek amacıyla şöyle de ilerleyebiliriz: *Şizofreni ve Konsensüs.*

Ve belki de daha erken dönemin Kapitalizm ve Şizofreni'sinin bu parodik tersine dönüşü Deleuze ve Guattari'nin (ama bilhassa Guattari'nin) ilişkisel estetik partizanları tarafından kronik bir biçimde *yeniden kazanılmaları*nı da açıklayabilir. Aslında bu, postmodernitenin estetik yeniden insanlaştırmasını sanatın potansiyelsizleştirilmesine ve onun protesto zamanlarının 'tersine çeviren' politik deneyimi olarak nihai yeniden biçimlenmesine bağlı hale getiren bir *dikiz aynası etkisini* andırmaktadır. Sanatsal etkinliği 'çevrenin banalliğinin göbeğindeki negentropinin (ç.n negatif entropi.) keşfine'[10] odaklayan yeni mikro politik ve mikro sosyal pratiklerin uyuşmazlığına dayalı tersine çevirme burada, serginin ilişkisel olarak yeniden ziyaret edilen mekanı tarafından uyumlu hale getirilen *küçük biçim* şeklindeki bu trans-medya tiyatro için sonradan üretilen

---

[9] Gilles Deleuze and Felix Guattari, *What is Philosophy?*, çeviren: Graham Burchell ve Hugh Tomlinson (London: Verso, 1994), s. 16.

[10] Félix Guattari, *Chaosmosis: An Ethico-Aesthetic Paradigm*, çeviren: Paul Bains ve Julian Pefanis (Bloomington: Indiana University Press, 1995), s.131.

bir uyuşan hikayeye indirgenmiştir. Bu yüzden aslında başlangıçta bahsedilen kırılma, '1960larla 1970ler ve bizim zamanımız arasındaki köprüleri'[11] yeniden inşa etme gereği bağlamında yeniden formüle edilecektir. Bir *öznelliklerarası mikro politika* tarafından temsil edilen – bu tarihsel - aşkın canavar olarak da adlandırabileceğimiz - önerme bir kısa devreyi seslendirir. Bu kısa devrede bütün mesele, 'sanatsal olarak' yeniden başvurulan öznelliklerarası iletişimsel eylem pratiğinin içine, aslında 'ekonomik faaliyetlerin öznelliğin üretilmesinin yeniden merkezleştirmesi'ne moleküler devrimle karşı çıkarak her tür öznelerarasılığın temellerinin öncelikli olarak altını oymuş olan bir mikropolitikayı geri getirmektir.[12] Aslında (temelde) bugünün güncel sanatının 'kurumsal çerçevesi' ve 'değerlendirme evreninin' (Guattari'nin üzerinde ısrar

---

[11] Nicolas Bourriaud, *Expérience de la durée* (Histoire d'une exposition) (Lyon: Biennale de Lyon, Paris-Musées, 2005) s. 12-13.

[12] Félix Guattari, *Chaosmosis*, s.122. 'İlişkisel Estetiğe dair Berlin Mektubu'nda (2001) [yeniden yayınlanma Claire Doharty, *Contemporary Art from Studio to Situation* içinde, Londra: Black Dog, 2004, s. 44-49], Bourriaud İlişkisel Estetiğin 'birey-aşırı' boyutu üzerinde ısrar eder. Fakat Simonmon'un 'birey-aşırı' olarak (bireysellikler-arası her tür paylaşılan biçimin bir alternatifi olarak) tanımladığı nosyona dayanan kolektif *uyum* bu noktada yitmektedir (ve kendisine bir posteriori eklenemez).

ettiği 'ekonomik değerlendirmeyi de kapsayan') katıldığı bir süreç.[13]

Bu nedenle ilişkisel estetiğin şizofrenisi, iletişimin yeni evrenselleri üzerinde *sörf yaparak* sunmayı aradığı alternatif demokratikleşmenin bir tür işlevi gibidir. 'İnsanlar arası mübadeleyi', 'var olan toplumsal biçimlerin çatlaklarında' ekonomik olarak şeyleştirilmekten kurtarmaktan çok, (ilişkisel estetiğin de öne sürdüğü gibi- fakat galeri/sanat fuarı sisteminden, sanatın yeni ekonomisinin müze-laboratuarına kadar hepsini yönlendiren ve Bienal, Trienal, Documenta, Manifesta silsilesi ve bunların - Braudel'in deyimiyle- 'şehir kapitalizmleri'ne entegrasyonu üzerinden *ivmelendirilmiş dönüşünü* yönlendiren rotayı hiç kaybetmeden)[14] metalaştırmanın yeni ölçütlerini ve hayatın bu sergi aracılığıyla katılımcı biçimde yönetilmesini - 'interaktivite kültürünün' (*işlem*

---

[13] Bkz O. Zahm'in F. Guattari'yle söyleşisi, *Chimères*, n° 23, été 1994. Söyleşinin sonunda Guattari şöyle der: "Burada yapıtları toplumsal alanda açıkça gösterilen kurumsallaşmış sanata değil, oluş halindeki bir durumun yaratıcılık boyutuna gönderme yaptığımızı vurgulamak amacıyla bir proto-estetik paradigmadan bahsetmek daha iyi olabilir..." (F. Guattari, *Chaosmosis*, s. 101-2).

[14] Avrupalı kültürel sermayelerin belirlemelerince 90ların ilk yıllarında harekete geçirilen 'küresel şehirler', mekan-odaklı işlerin, turistik-mekan hususiyetine çevirisini geliştirmişlerdir. Gordon Matta-Clark, yapıtı yeniden okumaya dayalı 'küresel' metoda uyan bu çeviri projesine kaçınılmaz olarak seçilmişti.

Kapitalizm ve Şizofreni ve Konsensüs. İlişkisel Estetik Üzerine

olarak ilişki) itici rolünü hazırlayan dispositifleri- test etmektedir. Sanat yetkilileri (küratör- danışmanlar, müze müdürleri- yöneticileri), sanatın postmodern demokratikleşmesinin tehlikeli avangarddan ve ilk (*in situ*) sanat biçimlerinin dönüştürücü 'devrimci' pratiğinden, *paylaşılandaki* (*in socius*) yaşam güçlerine doğru kopuşuna tanıklık ederek sudan ucuz bir fiyata toplumsal bir 'yakınlık' işlevi kazanmış olmaktan dolayı oldukça memnundurlar. (Yaşam güçlerini onları hapseden biçimlerden özgürleştirmek ve dolayısıyla evet; gerçek deneyimin kendi gerçeklik- durumunda farkı öne süren heterogenetik unsuru olarak *yeni* bir şeyler yaratmak. 2006'da Paris'te Bourriaud ve Sans'ın 'sanatsal yöneticileri' olduğu White Night'ta bize 'artık ölçüt olmadığı', yalnızca zamanı geçmiş avangard retorik olduğu, şimdi artık 'melezleştirilmenin' ve 'kültürlerin geçişinin' zamanının geldiği söylenen' bu radikal yeniliği yaratmak) Post-fordist hareketlilik ve esneklik çağrısına karşılık olarak bu durumda aynı zamanda küratörler ve müze yöneticileri olan eleştirmenler de diğer 'ara bulucular' kadar (sanatçı olarak küratör tarafından kısa devreye uğratılmadıkları zamanlarda) bu durumdan eşit biçimde hoşnutturlar çünkü imgenin anlam ufku 'arzulanan bir dünyayı işaret ettiğinde seyirci tartışabilir;

kendi arzusunun yankılanabileceği zemine dayanır hale geldiğinde'[15] öznellikler-arasılıkta arzunun imgede temsilcisi ya da 'delegesi (*délégué*) olan' bir 'biçim teorisi' bulur. (İtiraz: Biçim, tam aksin temsile katılan seyirciye hitap eden İmgedeki arzunun sürgün cezası olagelmemiş midir? Ve İmgenin biçimsel rejimi, modern sanatın *longue durée*'si[16] ve avangardçı radikalleştirmesi ile güncel sanatın şematik rejimi içerisindeki bu 'zor çizgiyi' izlerken *yapılmaktan vazgeçilmiş* değil miydi?)[17]

O halde Duchamp'ın *resimleri yapanlar onlara bakanlardır* önermesi, ('şeyleştirme tuzağı'na karşı)[18]

---

[15] Nicolas Bourriaud, *Relational Aesthetics*, s. 23.

[16] Bkz benim kitabım *L'Œil-Cerveau. Nouvelles Histoires de la peinture moderne* (Paris : Vrin, 2007).

[17] Jean-Claude Bonne ve benim *La Pensée-Matisse* (Paris: Edition du Passage, 2005) adını verdiğimiz şey arzunun imge biçimine indirilmesinin gerçek bir alternatifini üretmiştir. Ayrıca bkz. 'Défaire l'image', *Multitudes*, 28, 2007 (genişletilmiş İngilizce versiyon, Armen Avanessian and Luke Skrebowski (eds), *Aesthetics and Contemporary Art* içinde, yayına hazırlanıyor), ve yakın zamanda yayınlanan makalem, 'How to Make It a Body without Image: Ernesto Neto's Anti-Leviathan' (*Radical Philosophy* 156, Temmuz/Ağustos 2009).

[18] 'Ama bunu söylemek de -Stewart Martin'in 'Critique of Relational Aesthetics'te öne sürdüğü gibi- zaten tuzağa düşmektir [...] değerin kaynağının nesne-metada olduğunu düşünmek kesinlikle Marx'ın fetişizm adını verdiği hatadır. [...] Bu fetişizmden kaçınırsak kapitalist toplum içinde toplumsal olanın temel olumlanmasının kapitalist mübadelenin eleştirisi olduğu yanılgısından soyunuruz; bu,

sanat-nesneleri ile toplumsal ilişkiler karşıtlığı açısından temellük edilecek, bu önerme arzu kırıcılar tarafından sanatsal yaratım sürecinin performatif kökenine uyumlu hale getirilerek yansıtılacak; bu yaralım sürecinde böylelikle *ready made* yeni, (Vatimo'nun Modernite tanımını izleyecek olursak) 'oluşun yeni olana indirgenmesi' ise karşıt olarak yönelen kendi postmodern biçimi hariç, her tür gerçek olumsuzluktan kopuk bir tarih-sonrası hakikat olabilecektir. Ve -Worstward ho!- hepsinin üzerine, yargılayarak hüküm verme, artık sanatın yaratıcı kullanım değeri ile *kültür kiracılar*ının kullanımı için kişiselleştirildiği bir turist çevrimini birbirinden ayırt etmekle ilgilenmeyen bir katılımcı pratik söz dağarcığına dönüşür: 'duygu, duyguyu 'somutlaştırma' ya da somutlaştırmamayı belirleyen yani bunun sanat olup olmadığına karar veren izleyenin basit 'fikrine' bağlıdır'.[19] (her ne kadar burada Deleuze ve Guattari'den alıntı yapsam da cümle - vurgudaki fark methedicinin karşıtı olarak küçümseyici olacak şekilde - Bourriaud'nun da olabilirdi.)

Bu Duchampcı toplumsal 'zayıf ötesinin' *(infrathin) ready-made*'ine göre, Küçük Demokrasi olarak uyarlanmış

---

dikkati basit bir biçimde kapitalist mübadelenin onu doğrudan dayatan sosyal inşasına çeker.' (*Verksted*, n. 8, 2006, s. 113).

[19] Gilles Deleuze ve Felix Guattari, *What is Philosophy?*, s. 198.

ve Guattari tarafından geliştirilen yeni estetik paradigmanın 'işlemsel' çevirisinde (arzunun politik ontolojisi burada kendini kaçınılmaz biçimde 'biçimlerin bir siyasetine' ya da sanat yapıtının 'nesnelliğinin' imha edilmesinin kapitalist mübadeleyi de yok edeceğine inanan biçimlerin hayali politikasına yeniden gönderilmiş bulur) geri dönüşüme uğratılmış bu insani, oldukça insani Duchamp'a göre, sanatsal Moderniteye doğru -ya da daha açık bir biçimde söylenecek olursa sanatın modern fikrine doğru- geçirilen güncel kırılma üzerinden *gösterenin yapısalcılığının* katı hakikatine itiraz etme eğilimi vardır.

Fakat tartışmamda bu çizgiyi takip etmeden önce çabucak Guattari/soft Duchamp ara yüzeyine geri dönmeliyiz çünkü Bourriaud kitabının son bölümünde (*İlişkisel Estetik*, s.86-104) Felix Guattari'nin 'yeni estetik paradigma' fikrini bu perspektiften temellük eder. (Sondan bir önceki bölümün; 'Felix Guattari ve Sanat'ın altbölümünün başlığı *Chaosmosis*, *İlişkisel Estetik*'in 'Biçimlerin Politikasına Doğru' adlı bölümünde yer almaktadır).[20] 1955'te James Johnson Sweeney'le yapılan ve filme alınan uzun mülakatının sonunda Duchamp şöyle der: 'Sanatın insanın kendini hakiki bir birey olarak ortaya

---

[20] Bu bölüm *Chimères* dergisi no. 21, Kış 1994'te yayınlanan bir makaleye dayanmaktadır ve bu nedenle başlangıçta yabancı olan kurumsal bir alana sonradan aktarılırken yeniden yazılmıştır.

koyabileceği tek eyleme biçimi olduğuna inanıyorum. İnsan, hayvanlık aşamasının üstesinden yalnızca sanat üzerinden gelebilir, çünkü sanat ne zamanın ne de mekanın baskılayamadığı alanlara açılmaktır.' Guattarİ'nin Duchamp'ın zaman ve mekanı sürdürmeyen alanlar fikrini *Chaosmosis*'te aktardığı bölüm budur çünkü (ve burada konuşan açıkça Guattari'dir) 'hissedilebilir maddenin sonluluğu, duygulanımların ve algıların üretiminin önceden biçimlendirilmiş yapılar ve koordinatlarla eksantrik bir ilişkiye giderek daha da meyledecek destekçisi haline gelir'. Duchamp bir taşla iki kuş vurur; böylelikle hayvan-oluşa biraz meyilli bir satranç oyuncusunun metodolojik bireyselliğini 'çerçeveden çıkarır' ve onu duygu materyallerinin kaos-mik ortamına daldırır...[21]

---

[21] Félix Guattari, *Chaosmosis*, s. 101. 20. yy'ın başlangıcının çevreleyen Bergsonculuğuna karşı Duchamp'ın devamlı sanatın 'hiçbir biyolojik mazeretinin olamayacağını' söylemesini ve ispatlamaya çalışmasını hatırlayalım... Bergson'la (Bergsoncu vitalizmle) hesaplaşmalar Merdivenden İnen Çıplakla yapma-anındaki ilüzyona (Duchamp'a göre bu her zaman romantiktir) karşı ready-madein nominal keşfi arasında gerçekleşmiştir. Bkz ayrıca Guattari'nin Şişe rafını bilhassa enine -aurasal ve duygulandırıcı!- kullanımı, 'Ritornellos and Existential Affects' içinde, G Genosko (ed.) *The Guattari Reader*, (Oxford: Blackwell, 1996) s. 164. Bu readymade nosyonu Bin Yayla ve readymade'in yer yurd sahnesi kuran bir kuşun *sensibilia*'sı

Burada Guattari tarafından ortaya konulan *yeni estetik paradigmaya* itiraz etmiyorum. Marcel Duchamp'a yapılan bu *proto-estetik ontoloji atfına* itiraz ediyorum. Duchamp'ın 'resimsel nominalizmi', kelimenin tam anlamıyla, *ontolojik değildir.* Duchamp, Pierre Cabanne'a 'oluş' sözcüğüne inanmıyorum' diyerek sırrını açar. 'Oluşun politikası', 'oluşun mekaniği' vs. olarak tanımlanan, proto-estetik kalbinin attığı ve Guattari'ye göre, söylemsel olmayan süreçte ya da Duygulanımların yoğun alanına ait (Guattari'ye göre 'bu açıdan Bergsoncu süre fikriyle kıyaslanabilir')[22] 'bir gösterenin' semiyotikleştirme sürecinde bulunan Deleuze-Guattarici 'şizo-ontoloji' fikrine karşı çıkılan bir açıklamadır bu. Bu nedenle ontolojik geleneğin bu mutlak şiddeti içerisinde (Negri'nin Spinoza'nın ontolojisini sunumundan ödünç alırsak) Duygulanım 'sözcelemin yersizyurdsuz-laştırılmış özüdür'= proto-enerjidir.[23] Oysa tam aksine Duchamp'ın 'stratejik' radikalleştirmesi, Sanat-Biçimini sanata dair dil oyunlarına *indirgemeye* dayanmaktadır ve bu dil oyunları da yine dilin esnekliğinin, sözde plastik sanatların

---

ile bağlantılandırıldığı Felsefe Nedir'in sonuç détournement'ı tarafından beslenecektir.

[22] F. Guattari, 'Ritornellos and Existential Affects', *The Guattari Reader* içinde, s. 159.

[23] F. Guattari, 'Ritornellos and Existential Affects', *The Guattari Reader* içinde, s. 168. ve 'La récursion énonciative', *Cartographies schizoanalytiques* içinde, s. 231.

imgesel/hayali rejimine karşı döndürmek amacıyla öznesini oyundan çıkaran, gösteren bir tekrarın (cosa mentale [ç.n. zihinsel şey], gri öz, sanat *ilk olarak ve her şeyden önce* dilin farkında olmadan gerçekleştirdiği bir şeydir) indirgenmesine dayanır. Bu yolla Duchamp dünyanın her tür imge-yapımının, her tür gösterge-yapımının iptalini işaret ederken, okunabilir gösteren de ifade ve yapı arasındaki bağlantıyı koparır. ('Pisuar'dan Dart-Nesnesi'ne [*Objet-Dard*], The Bride'dan The Given'a; Fallus' ya da 'Sanat' aynı şeye indirgenir) Resmin, başlık sözcüklerinin 'görünmez rengi' tarafından ortadan kaldırılması da böylece, sanatı, inşa etme 'edimlerindeki Totolojiden' başka hiçbir şeyi sembolize etmeyen, 'ifadeleri' Duchamp'ın dediğine göre '*fiziksel dünyayla hiçbir rezonansa sahip olmaksızın*' 'yüzen' bir Gösterenin Bekar Makine'[24]sine indirgeme olayının mantığı gereğince müzakere edilmiştir. Nihai Gerçekliği, nesne olarak

---

[24] Bu noktada Duchamp'ın *Anti-Œdipus*'ta görünen Deleuze-Guattarici benimsenmesini, 'bekar makina' sorununun arzulayan makina sıfatıyla Lacancı sapkın bir ilişki tarafından ('Lacan'ı şizofrenikleştirmek') aşırı belirlendiğini hatırlamalıyız... *Anti-Œdipus*'un ötesinde, Guattari her daim Lacan'ın yersizyurdsuzlaşan arzunun değerine hakim olduğunu anlayacaktır; o kadar ki Lacan'ın objet a'sı 'spekülе edilemez, échappant par là aux coordonnées d'espace et de temps'olarak tanımlanmıştı (*Chaosmose*, s. 132). Bu soruyla şurada kısaca uğraştım: 'Contemporary Matisse', *Deleuze, Guattari and the Production of the New* içinde, ed: Simon O'Sullivan and Stephen Zepke, London-New York: Continuum, 2008, s. 144.

fetişleştirilen imgesinin kisvesi içinde açığa çıkarılmıştır: in-estetik durumdaki fark edilir hibenin *Verili* [*étant donné*] yokluğunda sanat dışı sanat, kendi gösteren-imgesini gerçekleştiren ve yok eden şeydir. Duchamp'ın güncel düşüncedeki biricik konumu budur: Romantizmin gerçek imkansızlığını, estetikte geleneksel olarak korunagelmiş 'sunulamaz olanın sunumunu' elinde bulunduran nihilist bir ironiye tercüme etmek -artık ne İmgenin/İmgede [*de/dans*] Görünmez olanı ne de Biçimin/Biçimde Öznelerarasılığı; bir Gösteren-İmge, postmodernitenin in-estetik kurulumu olarak -*ilk defa ispatlanmış olan ve parçalanmış olmasa bile sanatta olduğu kadar karşı sanatta da bitkin düşmüş bulunan-* imgenin sanatta/sanattan [*de/hors*] çoğalan hükümsüzlüğü. Duchamp'ın açıkladığı gibi, *Mümkün* kisvesinde ve Guattarici kaosmotik temellükünün karşısında, harfin *hipo-fiziği* '*her tür mümkün estetiği yakmıştır*'. Michel de Certau bunu oldukça iyi bir biçimde açıklar: onun 'ürünleri, dilin sınırında ortaya çıkardıkları gerçekliğin sonsuzluğu bağlamında değil [bu Guattarici görüştür], *simulakrı üreten mekanizmalar ve başka hiçbir şeyin var olmaması arasındaki ilişki bakımından muhteşemdir* [...] Makine üreten dil, tarihten temizlenmiştir, gerçekliğin müstehcenliğinden izole edilmiştir, mutlaktır ve "bekar" ötekiyle ilişkisi yoktur.' Bu bağlamdadır ki 'Bekarlık yazınsaldır' ve edebiyat, titiz bir protokolü Lacan tarafından üretilecek olan (lalangue cinsel ilişkinin imkansızlığının mekanıdır) 'bekar narsisizminin mantığına' boyun eğer ve ironik ve kılı kırk yaran matem işinin yerleştiği yerdir'[25] - estetiğin ilişkisel oluşu içindeki matemi.

Düzenlemenin estetik düzeyini tarafsızlaştırma yönündeki 'bilgi verici olma' çabası esnasında eş zamanlı olarak hem 'dışarıda bırakıcı' ve hem de 'kapsayıcı'[26] olan kavramsal sanatın müdahalesinin düzlemini belirleyecek olan tam da bu anti-estetiktir. 'Öyle ki -Deleuze ve Guattari'yi izleyecek olursak- her şey duygunun sonsuzcasına yeniden üretilebilir bir değerini üstlenir.'[27] (Bu, Analitik Felsefe sonrası Dil Sanatı olarak telaffuz edilen şeyin ilk materyalist işlevinin *birincil bilgisidir.*) Aynı zamanda oluşun makinalaştırılması için gereken alternatiflerin Post/modern olarak adlandırılan radikalliği, yeniden-tekilleştirmenin değişime uğramış öznel koordinatlarını -fiziksel olduğu kadar toplumsal 'çevreyi de'

---

[25] Michel de Certeau, *The Practice of Everyday Life*, s. 150-152 («Bekar Makinalar»).

[26] Peter Osborne tarafından önerilen 'kapsayıcı ya da zayıf Kavramsalcılar' ve 'dışarıda bırakıcı ya da güçlü Kavramsalcılar' arasındaki -daha fenomenal ve tarihsel- ayrıma muhalefet etmemektedir. Bkz. P. Osborne, 'Conceptual Art and/as Philosophy', M. Newman, J. Bird, *Rewriting Conceptual Art* içinde, London, Reaktion Books, 1999, s. 49.

[27] Gilles Deleuze ve Félix Guattari, *What is Philosophy?*, s. 198.

etkin bir tarzda içeren, izah eden ve karmaşıklaştıran, *katılan bireylerle artık karşılaşmayacak olan sınırları* keşfetme kapasitesiyle kendi gidişatını muhtemelen altüst edecek ya da *duygulandıracak* algının mantığından geçer. Bu, Guattari'nin -hatırlayacağımız üzere- 'çevrenin banalliğinin göbeğindeki negentropinin (ç.n negatif entropi.) keşfi'[28] dediği; yapısalcı bir biyo-estetik içinde karşı-ürettiği readymade'in daha iyi biçimde yeniden-yapılmasını tasarlayan şeye *bağlanır*.

Bu çifte uyuşma ve dinginleşmedeki (*à double entente et détente*) çifte hareket bir tarafın kazancının diğerinin kaybı olduğu kurumsal yeniden estetikleştirmenin kültürel protokollerinde (kavramsalcı tarafsızlaştırmanın estetikleştirilmesinden ve çevreci deneyselciliğin kurumsallaştırılmasından) yeniden işleme koyan (ve işleme tabi tutmayan) zayıf bir düşünce olarak (yeni *Pensiero debole*) ilişkisel estetik, o ana uygun bir postprodüksiyon alametidir. Deleuze ve Guattari tarafından 'olayların sadece sergiler, kavramların da sadece satılabilir olanlar'[29] olarak teşhis ve telaffuz edildiği üzere, biçimlerin, kültürel sermaye üzerine herhangi bir saldırıdan onu kendi arzularına adapte etmek amacıyla vazgeçecek kullanıcı-tüketicilerine açık bir zevk karşıtlığıyla, minimum pahaya, geçmiş zamanların tüketici odaklı tekbiçimliliği içinde

---

[28] F. Guattari, *Chaosmosis*, s. 131.
[29] Gilles Deleuze ve Félix Guattari, *What is Philosophy?*, s. 10.

satılmasıdır bu. 'Kapital-mantıklı' günümüzde Sanat için denetimsel bir model.

Bourriaud'nun *Postprodüksiyon* başlıklı metninde şu ifadeler yer almaktadır: '*sanatçılar bugün postprodüksiyonu tarafsız bir işlem, birinin kazancının diğerinin kaybı olduğu bir oyun olarak yapmaktalar, oysa Sitüasyonistler saptırılan işin değerini bozma; başka bir deyişle kültürel sermayeye saldırma amacını taşıyorlardı. Üretim... tüketicilerin kendilerini kültürün kiracısı yapacak bir dizi işlemi gerçekleştirebilecekleri bir sermayedir.*[30] Bununla birlikte Michel de Certeau'ya ve onun yaratıcı alter-tüketicisine göre Bourriaud denemesinin 'felsefi esaslarını' bu noktaya değil, Marx'a yüklemiştir; artık aşina gelecek 'estetiğe' olduğu kadar 'ekonomik' bir jeste göre: '*Marx'a göre "insan doğasını" tanımlamaya yeterli tek unsur, insanların kendileri tarafından kendi aralarında kurulmuş ilişkisel sistemden, yani her bireyin diğerleriyle toplumsal ilişkilerinden başka birşey değildir.*[31] Hümanist Marx'ın 'Tam İnsanı', toplumsal ilişkileri şeyleşme düzenine dahil eden fetişizm analizinden koparıldığı, kendini karşı-kültür için yeni bir tüketici modeli icat etme sürecindeki dünya sanat pazarına uyumlu hale çeviren kültürel demokrasinin son göstereni haline geldiği vakit çember tam anlamıyla tamamlanır. Ve bu çember, güncel sanat pratiklerinin

---

[30] Nicolas Bourriaud, *Postproduction*, s. 33.

[31] Nicolas Bourriaud, 'Le scénario et l'effet spécial', *Art Press 2* (2006) ('La scène française'), s. 50.

durumunu ilişkisel estetiğin alanı içinde, köksapsal kırmızı başlıklar altında tanımlayan 'Deleuze-Guattariciler'le karşılaştığımızda, şeytani bir spiral unsuru bile benimseyebilir.[32] Neyse ki Bourriaud -gerçi karmaşık bir biçimde de olsa- (ama haklı bir şekilde özne problemini merkeze alarak) Özne-Biçimin -bundan böyle radicant[33] adını vereceği- Romantik-sonrası dinamiğin bakış açısından farklılığı vurgulamıştır. *Radicant** özne.

* * *

---

[32] Bkz. Simon O'Sullivan, *Art Encounters Deleuze and Guattari. Thought beyond Representation,* Londra: Palgrave, 2006, s. 14, s. 17. aslında yazarın payına kesin bir kaygı olmaksızın ortaya çıkmayan bir 'tanımlama': 'oluşlar nerededir? Bu, 'tüketici kültürü tarafından sunulan pratiklerden' nasıl farklılaşır? (s. 177-178, n. 55). Yine de Deleuzecü olduğu varsayılacak bir sanat tanımına başvurmak: 'bağımsız ve özel bir sembolik uzamın ifadesi' (s. 181, n. 20) bize soruyu cevaplandırmanın en iyi yolu olarak görünmemektedir

[33] Nicolas Bourriaud, *The Radicant,* New York: Lukas & Sternberg, 2009, s. 55: 'Bilhassa başlangıçtan beri özne sorununu paranteze alan çokluk olarak tanımlanan köksapın aksine radicant bir mevzi ya da yol biçimini alır; tekil öznenin ilerlemesi.' (bu 'yol'la Guattari'nin Deleuze'le birlikte ayrıntılandırdığı köksap üzerinden özneleşme sürecinin arasındaki farkı fark ediniz)

* Radicant: yere yatık veya yere meyletmiş ve yapışkan kökler salan sapa verilen ad. Ek kökler salan, her yana dal budak saran. (ç.n.)

Altermodern Son Söz

> *Kaygan bir mekanın bizi kurtarmaya kafi geleceğine asla inanmadık.*
> Gilles Deleuze, Félix Guattari,
> *Bin Yayla*

Dünya finans sisteminin çöküşü tarafından (öz)eleştirel bir biçimde radikalleştirilen günümüz alter(küreselleşme) çağında Nicolas Bourriaud, hareket halindeki biçimler diyasporasını ve içinde yaşadığımız kültürün dünya çapında resmi biçimde aşırı kodlanmasını harekete geçiren 'küresel bir diyalog' içinde yürütülecek bir 'etik sorumluluğu' çağırmaktadır. (Kaçınılmaz olarak Documenta 12 özelinde Roger Bruegel tarafından ön plana çıkarılan 'biçimlerin göçü'nü yankılayan biçimlerin bir 'titreşim'i)[34] Sonuç olarak ilişkisel estetiği 'modernizm ve postkolonyalizm arasında bir sentez' olarak tasarlanan, aleni bir jeo-politik altermodernizm olarak (/onun içinde) yeniden vurgular. (Documenta 12 kendisini doğuran ve Okwui Enwezor tarafından yönetilen Documenta 11'le aktif

---

[34] Documenta 12'nin dispositif yapısökümü için bkz. "Multitudes Icônes versus Documenta Magazine" (Giovanna Zapperi ile), Multitudes, 30, Sonbahar 2007; ve ayrıca web sitesi http://multitudes-icones.samizdat.net.

olarak melezleştirilmiştir.)[35] Burada göçebe sanatçının (çok dilli gezginin) heterokronik 'seyahat-biçimi', modernitenin "takımadalar" biçiminde ağ kuran bir şeklini ortaya çıkarmak üzere[36] *postmodernizmin ölümünden* doğmaktadır. Göçebeliğin ulus-aşırı kaygan kapitalizm çağında (T.J Demos'un Tate Trienal Kataloğu'nda diplomatik bir şekilde vurgulandığı gibi) sanatsal kimliğin kendine yeten bir ara biçimi olarak rağbet gören kutlanmasının ve (Çin, Hindistan, Orta Doğu, Doğu Avrupa'dan gelen) eksantrik sanatçıların sözde 'uluslararası güncel sanatı' biçimlendiren pazar şöhretinin ötesinde, hiç değilse Bourriaud'nun postmodernizmin sonuna dair semptomatik ifadesini sürdürme fırsatını takdir etmekteyiz. Melezleşmenin eleştirisiyle birlikte Bourriaud, şimdi aynı eksende Hal Foster'ın 'Ötekinin Hegelciliği' adını verdiği çokkültürcü özcülük eleştirisini de geliştiriyor. Gerçek güçlerin politik radikalliği açısından *altermodernin her zaman zaten 'en retard'* (pleksiglasta bir gecikme) olmasına rağmen klasik-modern öznenin eleştiri kıvrımını açan diyalojik ya da öznelerarası anlatı merkeze hâlâ (narsisist kendini yenilemenin seyahat

---

[35] Bütün dünyaya yayılan çok sayıdaki tartışma 'platformundan' Créolité and Creolization' ve 'Four African Cities'i anabiliriz.

[36] Nicolas Bourriaud, 'Altermodern', *Tate Triennial*, Londra: Tate Publishing, 2009 (sayfalar numaralanmamış).

Kapitalizm ve Şizofreni ve Konsensüs. İlişkisel Estetik Üzerine

pratiği olan)[37] özneyi aldığı için güncel sanat ve eleştiride etnografik dönüşün bu yeni hikaye anlatıcılığında (Simon Critchley'in edindiği Lyotardcı nakarat olan) *modernin her zaman altermodern olmuş olmasının* ortaya çıkacağından şüphe etsek bile, ilişkisel sonrası anlatı, kusursuz bir stratejik uzmanlıkla (Hicretin [ç.n. Exodus] biçimsel komünizmini) geri dönüştürmeyi ve (estetik eğretiliği) dünyayı (sanat dünyasını) jeo-uyarlamaya 'tercüme etmeye' ihtiyaç duymaktadır. Belli bir formül havasıyla şunu okur (belki de artık *après-coup [ç.n. hem darbe sonrası hem de iş işten geçtikten sonra]* niteliğini gizlemeyi umursamamaktadır): 'jeo-politika alterdünyasallaşma için neyse, altermodern de kültür için odur.'[38]

---

[37] Hal Foster, 'The Artists as Ethnographer', *The Return of the Real* içinde, London, MIT Press, 1996, s. 179-180. Ve özellikle de: 'bu açıdan kendiliğin ötekileşmesi [...] modern özneye yalnızca kısmi bir meydan okumadır, bu ötekileştirme ayrıca benliği romantik karşı çıkış üzerinden destekler, diyalektik temellük üzerinden benliği korur, onu sürrealist araştırma üzerinden genişletir, postyapısalcı sıkıntı üzerinden sürdürür, vs'

[38] Nicolas Bourriaud, *The Radicant*, s. 185.

Capitalism and Schizophrenia and Consensus. Of Relational Aesthetics

practice of a narcissistic self-refurbishing);[37] while *the altermodern will always already be 'en retard'* (a delay in plexiglass) with regard to the political radicality of the real forces the post-relational narrative needs to recycle (formal communism of the Exodus) and 'translate' (aesthetic precariousness), with a perfect strategic professionalism, into the *geocustomization* of the (art) world... It reads, with a certain formulaic air (perhaps because it no longer cares to hide its *après-coup* character): 'The altermodern is to culture what altermondialisation is to geopolitics'.[38]

---

[37] Hal Foster, 'The Artists as Ethnographer', in *The Return of the Real*, London, MIT Press, 1996, p. 179-180. And more specifically : 'In this light the othering of the self [...] is only a partial challenge to the modern subject, for this othering also buttresses the self through romantic opposition, conserves the self through dialectical appropriation, extends the self through surrealist exploration, prolongs the self through poststructuralist troubling, and so on.'

[38] Nicolas Bourriaud, *The Radicant*, p. 185.

artist (the polyglot wanderer) emerges from the *death of postmodernism* to give rise to a 'networked "archipelago" form of modernity'.[36] Beyond the fashionable celebration of nomadism as a self-sufficient *interform* of artistic identity in the age of trans-national smooth capitalism (as diplomatically pointed out by T.J. Demos in the Tate Triennial Catalogue) and the market-celebration of ex-eccentric artists (from China, India, the Middle East, Eastern Europe...) that structures so-called 'International Contemporary Art', we appreciate the opportunity to retain, at least, Bourriaud's symptomatic statement about the end of postmodernism   (with the critique of hybridization he is now developing in parallel with the critique of a multiculturalist essentialism — what Hal Foster called the 'hegelianism of the other'). Even if we suspect that in this new storytelling of the ethnographic turn in contemporary art and criticism, it will appear that *the modern has always already been altermodern* (the Lyotardian refrain taken up by Simon Critchley) because the dialogical or intersubjective narrative that unfolds the critique of the (classic-modern) subject is still centered on the subject, 'and it still centers on the subject' (the travel-

---

[36] Nicolas Bourriaud, 'Altermodern', *Tate Triennial*, London: Tate Publishing, 2009 (pages not numbered).

Capitalism and Schizophrenia and Consensus. Of Relational Aesthetics

Altermodern Epilogue

Never believe that a smooth space will suffice to save us.

Gilles Deleuze, Félix Guattari, *A Thousand Plateaus*

In the current era of (alter)globalization, (self-) critically radicalized by the collapse of the world financial system, Nicolas Bourriaud now calls for 'ethical responsibility' in a 'global dialogue' enacting the diaspora of forms in motion and the formal transcoding of the worldwide culture we live in (a 'viatorisation' of forms that inevitably echoes the 'migration of forms' foregrounded by Roger Bruegel on the occasion of Documenta 12).[34] Consequently, he rearticulates relational aesthetics as/within a declared geopolitical *altermodernism* conceived as 'a synthesis between modernism and post-colonialism';[35] a synthesis in which the heterochronic 'journey-form' of the nomad-

---

[34] For a deconstruction of the dispositive of Documenta 12, see "Multitudes Icônes *versus* Documenta Magazine" (with Giovanna Zapperi), *Multitudes*, 30, autumn 2007 ; and also the website http://multitudes-icones.samizdat.net.

[35] In this process, Documenta 12 is actively remixed with Documenta 11 — led by Okwui Enwezor — from which the Altermodern Tate Triennal strategically comes. Of the many 'platforms' for discussion scattered around the world by D11, let's mention 'Créolité and Creolization' and 'Four African Cities.'

situation of contemporary art practices with the field of relational aesthetics under the rubric of rhizomatics.[32] It is fortunate that Bourriaud, albeit in a confused way (but rightly centered on the question of the subject), has taken to recently mark the difference, from the point of view of a post-Romantic dynamic of the Subject-Form he will henceforth call radicant...[33] The radicant subject.

*   *   *

[32] Cf. Simon O'Sullivan, *Art Encounters Deleuze and Guattari. Thought beyond Representation*, London : Palgrave, 2006, p. 14, p. 17. An 'identification' which, in fact, does not come about without a certain unease on the author's part: 'where are the becomings ?' ; how does this differ from 'the practices offered by consumer culture'? (p. 177-178, n. 55). Nonetheless, to appeal to a supposedly Deleuzian definition of art as the '*expression* of an independent and private symbolic space' (p. 181, n. 20) does not seem to us the best way of responding to the question.

[33] Nicolas Bourriaud, *The Radicant*, New York: Lukas & Sternberg, 2009, p. 55 : 'Above all, unlike the rhizome, which is defined as a multiplicity that brackets out the question of the subject from the beginning, the radicant takes the form of a trajectory or path; the advance of a singular subject'. (Spot the difference between this 'path' and Guattari's process of subjectivation that proceeded through the rhizome he elaborated with Deleuze...)

Capitalism and Schizophrenia and Consensus. Of Relational Aesthetics

Dans le texte, in Bourriaud's text entitled *Postproduction*: 'Artists today practice postproduction as a neutral operation, a zero-sum game, whereas the Situationists had the goal of corrupting the value of the work being diverted, in other words of attacking cultural capital. Production ... is a capital with which consumers can realize a set of operations that make them the tenants of culture.'[30] However, it is not to Michel de Certeau, cited here, and to his creative alterconsumer, that Bourriaud ascribed the 'philosophical foundations' of his essay – but to Marx, according to an 'aesthetic' as well as an 'economic' gesture that will by now be familiar: 'for Marx, the only element capable of defining "human nature" is nothing other than the relational system established by humans themselves, that is to say the commerce of all individuals with one another.'[31] The circle is in a certain sense complete when the humanist Marx's 'Total Man', severed from the analysis of fetishism that incorporates the social relations into the order of reification, becomes the last signifier of a cultural democracy rendering itself adequate to a world art market in the process of inventing a new consumerist model for counter-culture. And this circle may even take on the aspect of an infernal spiral when we encounter 'Deleuzo-Guattarians' identifying the

---

[30] Nicolas Bourriaud, *Postproduction*, p. 33.

[31] Nicolas Bourriaud, 'Le scénario et l'effet spécial', *Art Press* 2 (2006) ('La scène française'), p. 50.

43

a determinant fashion the physical as well as the social 'environment', *the boundaries of which no longer coincide with the participant individuals*. It *engages* what Guattari calls – let us recall – 'the discovery of a negentropy at the heart of the banality of the environment',[28] the better to project the re-making of the readymade he counter-produces into a constructivist bio-*aesthesics*.

As a weak thought (the new *Pensiero debole*), which reprocesses (and de-processes) this double movement, this movement *à double entente et détente*, into zero-sum cultural protocols of institutional re-aestheticisation (from the aestheticisation of the conceptualist neutralisation and the institutionalisation of environmentalist experimentation), relational aesthetics is the *postproduction brand* [*marque*] corresponding to that moment, diagnosed and denounced by Deleuze and Guattari, when 'the only events are exhibitions, and the only concepts are products that can be sold'[29] – sold to the user-consumer of forms who will have forsaken any attack on cultural capital in order to adapt it to his or her desires, in an open conviviality opposed, with minimum expense, to consumer-driven uniformisation of past times. A managerial model for Art in our 'capitalogical' present.

---

[28] Félix Guattari, *Chaosmosis*, p. 131.

[29] Gilles Deleuze and Félix Guattari, *What is Philosophy?*, p. 10.

meticulous work of mourning'[25]. — Of aesthetic's mourning, in its relational being.

It is this anti-aesthetic that will have determined the level of intervention of a conceptual art which is *simultaneously* 'exclusive' and 'inclusive',[26] in its 'informative' endeavour to neutralise the aesthetic plane of composition, 'so that — following Deleuze and Guattari — everything takes on a value of sensation reproducible to infinity'[27] (this is the *primary information* of a materialist function initially articulated as Language Art after Analytical Philosophy); as well as the radicality of the alternatives required to make the machination of being that has been named Post/modern (with the bar expressing the phenomenon in terms of forces) pass through logics of sensation likely to disorganize or *affect* its course with their capacity for inventing mutant subjective coordinates of re-singularization, in which experimentation implicates, explicates and complicates in

---

[25] Michel de Certeau, *The Practice of Everyday Life,* p. 150-152 («The Celibate machines»).

[26] Which does not contravene the distinction — more phenomenal and historical — proposed by Peter Osborne between '*inclusive* or *weak* Conceptualists' and '*exclusive* or *strong* Conceptualists', see P. Osborne, 'Conceptual Art and/as Philosophy', in M. Newman, J. Bird, *Rewriting Conceptual Art*, London : Reaktion Books, 1999, p. 49.

[27] Gilles Deleuze and Félix Guattari, *What is Philosophy?*, p. 198.

takes possession of the 'presentation of the unpresentable' traditionally reserved for aesthetics – no longer the Invisible of/in [*de/dans*] the Image, nor the Intersubjectivity of/in Form, but the Signifying-Image, the proliferating voiding of the Image out/of [*de/hors*] art as the in-aesthetic foundation of postmodernity *that is demonstrated for the first time and, if not dismantled, exhausted as such in art, in art* qua *antiart = anart.* In the guise of the *Possible*, as Duchamp explains, and against its chaosmic Guattarian appropriation, the '*hypophysic*' of the letter '*has burnt any possible aesthetics*'. Michel de Certeau explains it fairly well: Its 'productions are fantastic not in the indefiniteness of the reality that they make appear at the frontier of language [this is the guattarian vision], *but in the relationship between the mechanisms that produce simulacra and the absence of anything else.* [...] The machine producing language is wiped clean of history, isolated from the obscenities of reality, ab-solute and without relation to the "celibate" other.' It is in this sense that 'Celibacy is scriptural' and that the letter obeys 'the logic of a celibate narcissism', a logic whose rigorous protocol will be produced by Lacan ('*lalangue* is the place of the impossibility of the sexual relationship') and where 'is deployed the ironic and

Capitalism and Schizophrenia and Consensus. Of Relational Aesthetics

making of the world, as the literalised signifier severs the link between expression and construction ('Phallus' or 'Art' come down to the same... thing, from *Fountain* to *Dart-Object* [*Objet-Dard*], from *The Bride* to *The Given*). The cutting(-out) of Painting by the 'invisible colour' of title-words is thus negotiated in accordance with a logic of the event that reduces art to the Bachelor Machine[24] of a 'floating' Signifier whose 'expressions' no longer symbolize anything but the 'Tautology in acts' of construction '*without any resonance in the physical world*', as Duchamp says. Its ultimate Reality is ex-posed in the guise of its image fetishised as object: *Given* [*étant donné*] the absence of sensible donation in the in-aesthetic state, art outside art is what *realizes* and *de-realizes* its own signifying-image. This is Duchamp's unique position in contemporary thought: To translate the real impossibility of Romanticism into a nihilistic irony that

---

[24] We should here remember that the Deleuzo-Guattarian appropriation of Duchamp appears in *Anti-Œdipus*, where the question of the 'celibate machine' qua desiring machine is overdetermined by a quite *perverse* relationship to Lacan ('to schizophrenize Lacan')... Beyond *Anti-Œdipus*, Guattari will always recognize that Lacan had the merit of deterritorialising desire, in so far as his *objet a* was defined as 'non spécularisable, *échappant par là aux coordonnées d'espace et de temps*' (*Chaosmose*, p. 132). I dealt briefly with this question in 'Contemporary Matisse', in *Deleuze, Guattari and the Production of the New*, ed. by Simon O'Sullivan and Stephen Zepke, London-New York : Continuum, 2008, p. 144.

'pictorial nominalism' of the latter is – literally – *de-ontological*. 'I do not · believe in the word "being"', Duchamp confides to Pierre Cabanne; a declaration to which one will oppose Deleuzo-Guattarian 'schizo-ontology' defined as a *'politics of being'*, a *'machinics of being'*, etc., whose proto-aesthetic heart beats, according to Guattari, in the process of non-discursive, or *'a-signifying'* semiotisation belonging to the intensive domain of Affects ('comparable, in this respect, to Bergsonian duration', Guattari insists)[22] – so that, in this absolute violation of the ontological tradition (to borrow Negri's re-presentation of Spinoza's ontology), Affect is 'the deterritorialised matter of enunciation' = proto-energy.[23] On the contrary, Duchamp's 'strategic' radicalisation consists in *reducing* the Art-Form to language-games about art, and these in turn to a signifying iteration which cuts out its subject in order to turn the plasticity of language against the imagistic/imaginary regime of the so-called plastic arts (*cosa mentale*, grey matter, art is *first and foremost* what language unwittingly realises). In this way Duchamp signifies the abolition of any image-making, of any sign-

---

[22] Félix Guattari, 'Ritornellos and Existential Affects', in *The Guattari Reader*, p. 159.

[23] Félix Guattari, 'Ritornellos and Existential Affects', in *The Guattari Reader*, p. 168. and 'La récursion énonciative' in *Cartographies schizoanalytiques*, Paris : Galilée, 1989, p. 231.

Capitalism and Schizophrenia and Consensus. Of Relational Aesthetics

declaration in terms of those regions that do not sustain time and space *because* (and it is obviously Guattari who is speaking here) 'the finitude of the sensible material becomes the support for a production of affects and percepts which will tend more and more to become eccentric in relation to the preformed frames and coordinates'. Killing two birds with one stone, he thus definitively takes 'out of the frame' the methodological individualism of a chess player little inclined to becoming-animal and to the chaosmic plunge into the materials of sensation ...[21]

I do not object here to the *new aesthetic paradigm* proposed by Guattari. *I object to the attribution of this proto-aesthetic ontology to Marcel Duchamp.* For the

---

[21] Félix Guattari, *Chaosmosis*, p. 101. Let's remember that, against the ambient Bergsonism of the beginning of the twentieth century, Duchamp continually declared and sought to demonstrate that art 'has no biological excuse'... The settling of accounts with Bergson (with Bergsonian vitalism) is played out between the *Nude Descending a Staircase* and the 'nominal' invention of the *ready made* against the illusion (*always* romantic according to Duchamp) of the *in-the-making*. See also the particularly transversal – auratic and 'affective'! – usage that Guattari makes of the *Bottle rack* in 'Ritornellos and Existential Affects', in G Genosko (ed.) *The Guattari Reader*, Oxford : Blackwell, 1996, p. 164. This will have (been) nourished ('by) the final *détournement* of the notion of *readymade* in *A Thousand Plateaus* and *What is Philosophy?*, where the *readymade* is associated with the *sensibilia* of the bird constructing a territory-scene...

forms', or *an imaginary politics of forms*, which believes that the eradication of the 'objectivity' of the artwork eradicates capitalist exchange), one is tempted to oppose the hard truth of a *constructivism of the signifier* through which the Contemporary broke into the field of artistic Modernity – or more precisely, into the modern idea of art.

But before following this line in my argument, we must quickly return to the Guattari/soft Duchamp interface, because it is from this perspective that Bourriaud, in the last part of his book (*Relational Aesthetics*, pp. 86–104), appropriates Félix Guattari's 'new aesthetic paradigm' (the title of the penultimate chapter of *Chaosmosis*; the subsection 'Félix Guattari and Art' is included in the section of *Relational Aesthetics* entitled 'Towards a Policy of Forms').[20] In the conclusion of his long filmed interview with James Johnson Sweeney, from 1955, Duchamp declares: 'I believe that art is the only form of activity through which man as such can manifest himself as a veritable individual. Only through art can he overcome the animal stage, because art is an opening onto regions that neither time nor space dominate'. This is the passage that Guattari quotes in *Chaosmosis*, reframing Duchamp's

---

[20] This section has its origins in an article published in the journal *Chimères*, no. 21, Winter 1994, and therefore finds itself reinscribed after the fact into an institutional field to which it was, to begin with, foreign.

quite consensually by these brokers of desire onto the performative origin of the process of artistic constitution of which the *ready made* would then be the posthistoric truth – cut off from any real negativity, except for its postmodern form directed against the new, against 'the reduction of being to novum' (following Vatimo's definition of modernity). And – *Worstward ho!* – to cap it all, judgement then becomes the lexicon of a participative practice that no longer cares to distinguish between the creative use-value of art and a personalized tourist circuit for the use of the *tenants of culture*: 'sensation depends on the simple "opinion" of a spectator who determines whether or not to "materialize" the sensation, that is to say, decides whether or not it is art.'[19] (I quote Deleuze and Guattari here, although the phrase, but for the difference in accent – deprecatory as opposed to laudatory – could be Bourriaud's.)

To this Duchampian *readymade* of the social 'infrathin', this human, all-too human Duchamp, customised as *Little Democracy* and recycled in the 'transactional' translation of the *new aesthetic paradigm* developed by Guattari (the political ontology of desire here finds itself inevitably redirected towards a 'policy of

---

the social constitution of capitalist exchange, exposing it directly' (*Verksted*, n. 8, 2006, p. 113).

[19] Gilles Deleuze and Felix Guattari, *What is Philosophy?*, p. 198.

Eric Alliez

the beholder thus becomes capable of discussing, and based on which his own desire can rebound.'[15] (Objection: has Form not always been, rather, the *relegation* of desire in the Image addressed to the spectator participating in Re-presentation? And has the formal regime of the Image not been *undone* in this respect in the *longue durée* of modern art,[16] of its avant-gardist radicalisation, and in the diagrammatic regime of contemporary art - when it follows this 'hard line'?)[17] So that Duchamp's proposition, according to which *it is the viewers who make the pictures* will be appropriated in terms of social relations contra art-objects (against the 'trap of reification'),[18] and projected

---

[15] Nicolas Bourriaud, *Relational Aesthetics*, p. 23.

[16] See my book intitled L'Œil-Cerveau. Nouvelles Histoires de la peinture moderne, Paris : Vrin, 2007.

[17] What Jean-Claude Bonne and I have called *La Pensée-Matisse* (Paris: Edition du Passage, 2005) produced a true alternative to this relegation of desire into the form of the image. See too 'Défaire l'image', *Multitudes*, 28, 2007 (expanded English version in Armen Avanessian and Luke Skrebowski (eds), *Aesthetics and Contemporary Art*, forthcoming), and my recent article 'Body without Image: Ernesto Neto's Anti-Leviathan' (*Radical Philosophy* 156, July/August 2009).

[18] 'But to say this' — as Stewart Martin argues in his 'Critique of Relational Aesthetics' — 'is to be already trapped. [...] To think that the source of value is in the object-commodity is precisely the error that Marx calls fetishism. [...] If we avoid this fetishism we are stripped of any delusions that the simple affirmation of the social within capitalist society is critical of capitalist exchange ; it simply draws attention to

Capitalism and Schizophrenia and Consensus. Of Relational Aesthetics

dispositifs that stage the driving role of the 'culture of interactivity' (relation as *transaction*). The art commissioners (curators-advisors, museum directors-managers) are overjoyed since they thereby gain, at a bargain price, a social function of 'proximity', testifying to the manner in which the postmodern democratization of art has broken away from the dangerous avant-garde and 'revolutionist' practice of trans-forming art-forms *in situ* into life-forces *in socius*. (Liberating the forces of life from the forms that imprison them, so as to create, yes, something *new*, as the heterogenetic element of real experience positing difference in its reality-condition – this radical novelty which we are told is 'no longer a criterion' but merely outdated avant-garde rhetoric, now that the hour has come for '*métissage*' and a 'crossing of cultures', according to the strapline for the Parisian *White Night*, of which Bourriaud and Sans were the 'artistic directors' in 2006). The critics (who in this case are also the curators-museum directors, in answer to the post-Fordist call for mobility and flexibility) are equally delighted, as are the other 'mediators' (when they have not been short-circuited by the curator-as-artist), because they find in intersubjectivity a 'theory of form' as the representative or '*delegate* [*délégué*] of desire in the image', as the image's horizon of meaning, 'pointing to a desired world, which

33

('including economic valorisation', Guattari insists) of contemporary art today is participating.[13]

Whence the schizophrenia of relational aesthetics, as it seeks to confer upon its *surfing* on the new universals of communication some function of alternative democratization. Far from liberating 'the inter-human exchange' from its economic reification 'in the cracks of existing social forms' (as relational aesthetics claims – but without ever losing sight of the trajectory leading from the gallery/art fair system to the museum-laboratories of the new economy of art, *and the accelerated return* through the succession of Biennales, Triennales, Documentas, Manifestas, and their integration into the new 'capitalism of cities', in Braudel's words...),[14] it instead tests out new criteria of commodification and the participatory management of life by means of these exhibition-

---

[13] See Olivier Zahm's interview with Félix Guattari in *Chimères*, n° 23, été 1994. From which Guattari has concluded: "It might also be better here to speak of a proto-aesthetic paradigm, to emphasise that we are not referring to institutionalised art, to its works manifested in the social field, but to a dimension of creativity in a nascent state ... " (Félix Guattari, *Chaosmosis*, p. 101-2).

[14] Stimulated by the designation of European cultural capitals, in the early nineties 'global cities' developed the translation of site-specific projects into touristic-site specificity. Gordon Matta-Clark was inevitably co-opted into this project of translation obeying the 'global' method of rereading of an œuvre.

Capitalism and Schizophrenia and Consensus. Of Relational Aesthetics

fact that the break announced at the start will be reformulated in terms of the need to reconstitute 'bridges between the 1960s and 70s and our own time'.[11] This proposition – what we might justly call a historico-transcendental monstrosity – represented by a *micropolitics of intersubjectivity*, gives voice to a short-circuit in which what is really at stake is to bring back into the intersubjective practice of an 'artistically' revisited communicative action the micropolitics that had in fact pre-emptively undermined the foundations of any such intersubjectivity by opposing *molecular revolution* to the 'recentering of economic activities on the production of subjectivity'.[12] A process in which, essentially, the 'institutional framing' and 'the universe of valorisation'

---

[11] Nicolas Bourriaud, *Expérience de la durée (Histoire d'une exposition),* Lyon: Biennale de Lyon, p. 12-13.

[12] Félix Guattari, *Chaosmosis*, p.122. In his 'Berlin Letter about Relational Aesthetics' (2001) [republished in Claire Doharty, *Contemporary Art from Studio* to *Situation*, London: Black Dog, 2004, pp. 44-49], Bourriaud insists on the 'trans-individual' dimension of Relational Aesthetics. But the *collective transductivity* on the basis of which Simondon defined the very notion of the 'trans-individual' (as an alternative to any inter-individually shared form) is missing (and can't be added *a posteriori*).

certain relationship between the concept and the event' (as Deleuze and Guattari write in the Introduction to *What is Philosophy?*)[9] only in order to become the laboratory for the 'society of control' in which the culture of marketing governs the marketing of culture as lifestyle, we might advance : *Schizophrenia and Consensus*.

And perhaps this parodic reversal of an earlier period's *Capitalism and Schizophrenia* might account for the obstinate *recuperation* of Deleuze and Guattari (but above all of Guattari) by the partisans of relational aesthetics. It partakes in fact of a *rear-view mirror effect* that makes the aesthetic rehumanisation of postmodernity dependent on the depotentialisation of art, and its consequential restyling, as the 'transversalist' political experience of the protest years. The *dissensual* transversality of new micro-political and micro-social practices which focussed artistic activity on 'the discovery of a negentropy at the heart of the banality of the environment'[10] is here reduced to a consensual storytelling post-produced for this trans-media theatre of the *little form*, accomodated by the relationally revisited space of the exhibition. Whence the

---

[9] Gilles Deleuze and Felix Guattari, *What is Philosophy?*, translated by Graham Burchell and Hugh Tomlinson, London : Verso, 1994, p. 16.

[10] Félix Guattari, *Chaosmosis: An Ethico-Aesthetic Paradigm*, translated by Paul Bains and Julian Pefanis, Bloomington: Indiana University Press, 1995, p.131.

Capitalism and Schizophrenia and Consensus. Of Relational Aesthetics

a better way', says Bourriaud). Furthermore, this is to take place in the post-production of the *Blurring of Art and Life*, following a sequence that begins and ends in counter-effectuating the politics of the becoming-life of art (an art of *dispositif*), transforming it into a becoming-art of everyday life (an art of *attitude*, *where attitude becomes form...*) whose dialogical structure ('inter-human commerce') would constitute the ethical verification of a supposed community of feeling differentially nourishing 'everyday micro-utopias' (a romantic reconciliation with life, but a decidedly *local* one). Made 'ethical' by its desire for a 'social transparency' considered part and parcel of a 'democratic concern' for *immediacy* and *proximity*, this movement that appropriates the demand for a 'formal communism' (sic), and aims to promote 'lived time' as a 'new artistic continent',[7] derives its reality above all – as Jacques Rancière has put it very well – from 'its capacity to recode and invert the forms of thought and attitudes which only yesterday aimed at radical political or artistic change'.[8] In the age of communication and service capitalism, where 'marketing has preserved the idea of a

---

[7] Cf. Nicolas Bourriaud, *Postproduction*, Dijon: Les Presses du réel. 2003; *Formes de vie: L'art moderne et l'invention de soi*, Paris: Denoël, 2003; and *Expérience de la durée* (*Histoire d'une exposition*), Paris: Biennale de Lyon / Paris-Musées, 2005.

[8] Jacques Rancière, *Malaise dans l'esthétique*, Paris: Galilée, 2004, p. 172.

connections' of a *micropolitics of intersubjectivity*... And all in the name of a new mental ecology of 'linkage' [*reliance*] (to borrow a term from Michel Maffesoli, who has long anticipated the overall features of this process of rupture with the 'revolutionism' of the 1960s),[5] a linkage put to work for the *re-invention of everyday life* (a theme 'bricolaged' by Michel de Certeau in his *The Practice of Everyday Life*, with respect to the principle of a 'user' *détournement* of consumer society).[6] Embracing this spontaneous hermeneutics that substitutes the cultural myths of network-economy liberalism for the critique of political economy and its sublation in the affirmation of a political economy of desire, Aesthetics becomes an 'alternative' training-ground for postmodern life (or a postmodernization of life : 'learning to inhabit the world in

---

[5] See the interview with Michel Maffesoli in the catalogue of the 2005 Bienniale de Lyon, commissioned by Nicolas Bourriaud and Jérôme Sans: Expérience *de la durée* (*Histoire d'une exposition*), Lyon: Biennale de Lyon, 2005.

[6] Bourriaud's reappropriation of Certeaudian thematics consummates the long-standing institutionalisation of the Everyday in the field of cultural studies, where de Certeau's theory loses the tactical horizon of its political semiotics ('a *polemological* analysis of culture' focused on the 'cultural activity of the non-producers of culture') in favour of a exclusively hermeneutical project. See Michel de Certeau, *The Practice of Everyday Life,* translated by Steven Rendall, Berkeley: University of California Press, 1984. The French title was *L'Invention du quotidien, Vol. 1, Arts de faire* (1974).

Capitalism and Schizophrenia and Consensus. Of Relational Aesthetics

This break, without which, if we follow Bourriaud's book-manifesto on the nineties, contemporary art would be incapable of entering into relations with the present – 'with society, with history, with culture' – has a twofold and paradoxical characteristic: It can conform to the 'relational' perspective of an aesthetic marked by the category of *consensus* – restoring the lost meaning of a common world by repairing the fissures in the social bond, patiently weaving a 'relational fabric', revisiting the spaces of conviviality, groping about for forms of sustainable development and consumption, soft energies able to slip into the cracks of existing images, etc. – only by *divesting* the most innovative theoretical and artistic practices of the sixties and seventies of their forces, shunting them into humbler forms, the 'modest

'environmental' agencies and interventions that consist in a social disarchitecturing of the Art-Form which interproblematizes art and politics at the point of their highest tension...

But let us return to our concern in this text. In his response to Claire Bishop's article 'Antagonism and Relational Aesthetics' (*October* 110 [Fall 2004]), Liam Gillick explains: '*Relational Aesthetics* was the result of informal argument and disagreement among Bourriaud and some of the artists referred to in his text. ... The book does contain major contradictions and serious problems of incompatibility with regard to the artists repeatedly listed together as exemplars of certain tendencies.' (Liam Gillick, 'Contingent Factors: A Response to Claire Bishop's "Antagonism and Relational Aesthetics"', *October* 115, [Winter 2006], p. 96). Take note.

Eric Alliez

experiencing a 'social interstice' removed from capitalistic commodification. Reading Nicolas Bourriaud's further arguments, it seems that Rirkrit Tiravanija, whose work introduces the series of art examples in *Relational Aesthetics* and who features prominently in the chapter on 'Art of the 1990s' (in the first section, entitled 'Participation and Transitivity') is the most paradigmatic figure of 'relational art'. This should not stop us from remarking that *even* Tiravanija's installations, and *many other* works by artists mentioned by the curator-critic (Felix Gonzales-Torres, Gabriel Orozco, Patrice Hybert or Philippe Parreno, for example), can be seen to be far more complex *and perverse* in terms of the modes of sociality (i.e. the social dimension of participation) they imply. This in order to emphasise that (1) we refuse to inscribe the art of the 1990s, *as such*, under the monotonous rubric of relational aesthetics (to which Santiago Sierra is a perfect counter-example); (2) a good criterion for the evaluation of works might indeed be their *excess* vis-à-vis repeated calls to 'modesty' and 'conviviality' as reality-condition for an art of social autonomy in a realized arty 'micro-utopia' (undone by Sierra in the exhibition of the commodification of labour that produces the 'relational' artwork)... It is on the basis of such an excessive criterion, certainly, that one could *oppose* Gordon Matta-Clark's cooperative *Food* to Rirkrit Tiravanija's culinary aesthetic. Cf. the 2007 show at the David Zwirner Gallery in NY that pretended to bring back *Food*, in absentia, by juxtaposing a double reconstitution of Gordon Matta-Clark's *Open House* [1972] — originally located in the street, and open to the homeless — and Rirkrit Tiravanija's *Untitled 1992 (Free)*, exhibited at the 303 Gallery where Thai curry was cooked and served to visitors... As we know, Matta-Clark escapes from (art-gallery / institutional critique of the art-gallery) representation (and the purely formal redefinition of the exhibition-medium) by proposing, within the urban territory, discourse that, through its widespread dissemination, has become strangely familiar to us (and thus accounts for the 'symptomal' principle that governs my reading): *relational aesthetics*. We are all by now *all too familiar* with this discourse that focuses upon the art of the nineties, which claims that the 'misunderstandings' surrounding the latter are owing to a 'deficit of theoretical discourse' – namely, its failure to recognise the break with the critical art of the sixties. How familiar it seems, how 'resonant' with everything around us, that *this* art of the nineties *could* be nothing but the audiovisual archive of its commentary, a commentary invested in the *relational form* which supposedly animates a new partition of the art world (into what is *still* modern and what is *finally* contemporary). It is in this sense that we can reread Bourriaud's statement, located somewhere between the descriptive and prescriptive, according to which 'anyhow, the liveliest factor that is played out on the chessboard of art has to do with interactive, user-friendly and relational concepts.'[4]

---

[4] Nicolas Bourriaud, *Relational Aesthetics*, trans. Simon Pleasance and Fronza Woods, with Mathieu Copeland, Dijon: Les Presses du réel, 2002, p. 8. I say 'between the descriptive and prescriptive' because we should note from the very start, without needing to return to it later, that the isolation of the relational form-function entails the selection of artists supposed to represent this tendency (the 'liveliest') by *reducing* exemplary artworks to their single structure as collaborative 'open works', 'opened' by the participation – *pars pro toto*, according to Hans Ulrich Obrist – of the public

(8) ('... namely the power of capture of powerlessness')
– Or in other words, it is the 'communism of capital' that
will be called here 'formal communism', borrowing from
post-Fordism its general regime of 'postproduction'.

I advance this 'between us', in order to achieve the
un/doing of what Baudrillard, with that amazing
reactionary ingenuity he displays when attending to such
matters, called the 'Holy Cultural Alliance' – and offer it to
the readers' wisdom as an impossible prologue for
troubled times.

*   *   *

The scenario of the special effect

Techno is communism applied to the emotions.

Nicolas Saunders, *E for Ecstasy*

I will limit myself to providing a quick sketch of the
argument, leaving aside the artists, the works, their regime
and places of exhibition (starting with the 'site of
contemporary creation' at the Palais de Tokyo in Paris,
founded and until recently co-directed by Nicolas Bourriaud
and Jérôme Sans). Instead, I will dwell on the order of a

Capitalism and Schizophrenia and Consensus. Of Relational Aesthetics

Integrated World Capitalism)[3] are equally consigned to the selective/participatory/interactive governmentality of *infotainment* (Market Populism *qua* Capitalistic Democracy).

(5) (In the guise of a riddle.) If the 'aestheticisation of politics' led to the State of Exception of populism in its modern form, what is the name for the (post)aesthetic (neo)populism which will necessarily 'make' its own the true hallucination of direct democracy in the contemporary age of the absolute market-form?

(6) (In the guise of an uncontrolled acceleration.) Does there exist a populism of the multitude, or more exactly a populism of which the multitude would be the (post)aesthetic subject and the object of 're-aestheticisation'? Where the aestheticisation of dissensus would become the postpolitical form for the exhibition of a postmodernist consensus affirming its 'open' and 'relational' qualities, self-affirming the value of conviviality beyond antagonism or/and radicality...?

(7) ('Not nothingness, but powerlessness...') – A relational aesthetics rather than art *and* multitude *qua* relational being?

---

[3] Eric Alliez, Félix Guattari, 'Capitalistic Systems, Structures and Processes' , in Felix Guattari, *Molecular Revolution*, London : Penguin Books, 1984, p. 273-287.

expanded reproduction of the people integrated into the co-management of the Welfare State.

(The massive transfer of votes from the French Communist Party to the Front National in the eighties and from the Front National to Sarkozy very recently, or from the Austrian socialist SPÖ to Jorg Haider's extreme-right party in 2000, then to the conservative ÖVP party, and back to the former during the last elections, give flesh and body to the unprecedented floating Signifier that arises when the Name of the People is *deprived* of its transcendence as a political subject as well as of its reality as the economic agent of reformism. Is this a phenomenon of *afterimage*?)

(3) Contemporary populism is the shadow cast by the *commodification of politics and life* when the 'people is lacking' and becomes, in its lack, the (most) 'dangerous Supplement' of parliamentary democracy in its reality as the production and media administration of consensus.

(4) Contemporary populism is the dominant postpolitical form of globalised Postmodernity inasmuch as it expresses in the most immediately 'binarised' manner the Rest of the World, when the Rest and the World (of the 'external' World there remains Nothing in the real subsumption of what I called, with Félix Guattari,

Capitalism and Schizophrenia and Consensus. Of Relational Aesthetics

factory of the 'populist' subject, the better to thrash out this question *for real* (or to be thrashed in turn): 'Is there a significant relation between aesthetics and politics to be studied today?'

In order to do this, we shouldn't be afraid to introduce the Combat with Oneself and between ourselves, by making our own the cautionary note with which *The Populism Reader* opens: 'A project on populism should claim as a basic right the right to use the term in different ways [...]. It should enact difference. It should differ from itself'.[2]

Let us risk an initial and ostensibly controversial statement, which I will endeavour now to articulate, in its various dimensions:

(1) Contemporary populism is the ultimate (which is to say the complete and terminal) form of the expression of the People.

(2) Contemporary Populism is the posthistorical / postpolitical expression of the People *after* the historical completion of its trajectory as a political subject, globally negotiated between real socialism and real social-democracy; statist-proletarian incorporation and

---

[2] Dieter Lesage, 'Populism and Democracy', in *The Populism Reader*, Edited by Cristina Ricupero, Lars Bang Larsen, Nicolaus Schafhausen, Berlin/New York : Sternberg Press, 2005.

'Stockholm syndrome' referred to the paradoxical relations linking socio-cultural consensus to the aesthetics of an avant-garde reduced to the most fashionable 'look' of the nineties. The fact that this was to end badly – today, Troncy writes quirky apologetics for reality TV as contemporary art's most radical ready-made, by virtue of its renunciation of all claim to the elitist status of the artwork (the 'everyday' perfect crime!) – makes the article's opening lines all the more delectable. I quote, appropriating this ephemeral moment of lucidity: 'What is at stake is nothing less than the evacuation of revolutionary desire through the small door of communication, at the same time as the draining of alterity into the great pit of the same.'[1]

I could not think of a better introduction to the provocation that leads me to present a kind of critical and clinical treatment of relational aesthetics in the murky light of Populism, which we could envisage as signalling the dawn of a sleepless night, of the kind organised by Nicolas Bourriaud and Jérôme Sans in Paris, precisely under the heading *Nuit blanche* (or *White Night Event*). I'll be direct then, jumping with both feet straight into the

---

[1] E. Troncy, «Le syndrome de Stockholm», *Documents sur l'art*, n° 7, printemps 1995; new ed. in Id., *Le colonel Moutarde dans la bibliothèque avec le chandelier (textes 1988-1998)*, Paris: Les Presses du réel, 1998, p. 49.

CAPITALISM AND SCHIZOPHRENIA
AND CONSENSUS.
OF RELATIONAL AESTHETICS*

Populist Prologue

*And no doubt the combat appears as a combat **against** [...].*
But more profoundly, it is the combatant himself who is the combat:
*The combat is **between** his own parts, between the forces that either subjugate or are subjugated, and between the powers that express these relations of forces.*

Gilles Deleuze, *Essays Critical and Clinical*

There is an amusing article written some ten years ago by French art critic Eric Troncy, entitled 'The Stockholm syndrome'. Later revisited by Baudrillard, through Troncy,

---

* Different versions of this paper, initially given at the Tate Britain (14 october 2006), have been published in *Plato* (Istambul), *Verksted* (Oslo), *Multitudes* (Paris), *Glenta* (Stockholm) and *Z/X* (Auckland). The intial translation was made by Tim Adams for *Z/X* #3, and the subsequent changes were revised by Robin MacKay.

Preface

instable movement, the *autopoietic* sections of partial parts that work and are put into function, operate the body within the double infinity of the active and passive. In these kinds of relations between partial objects, each one leaves its partial closeness and unfolds. Even the most autistic and closed partialities find their subjectless forms within a relationship of inter-individuations. And art becomes the field in which this new aesthetic paradigm functions the most.

After publishing the Turkish editions of Nicolas Bourriaud's books, *"Relational Aesthetics"* and *"Postproduction"* for the readers of art and philosophy, we are now publishing this short text of Eric Alliez in order to refresh the debates in Turkey and to present one of the "inner discussions" about New Aesthetic Paradigm.

Ali AKAY,
Istanbul, August 2009

Translated by: Tuğba Doğan

17

and the infinite penetrate to each other. They could be related to each other in time and space through penetration. A mutation within a specific field could affect the changes in the other fields. These may transform in a horizontally transitive way and a paradigm of mutations may occur. And *New Aesthetic Paradigm* seems to be related to this idea of mutation. Here we begin to go beyond the ruled, fixed, accepted works of the art world: like Melaine Klein's "partial objects", works began to distinct in terms of process. An expansion to the unknown, to the unfamiliar takes place. Here habits come to an end; a new aesthetic paradigm is the ontological expansion of art towards the unknown, and the beginning to recognize the unrecognized. The first chaosmatic fold composes a process, and the second now begins to generate a processive art that now started to emerge. Through trans-nomadic relationships, the closeness of disciplines begins to be questioned and the obscurity of value universes starts to be spreaded and separated in a rhizomatic way. Bodies open themselves to other bodies and the unknown is started to be loved. Bodies present the otherness inherent in them and create intersections with other bodies, and a new definition of the body is asserted. Relations among bodies that are opened and slipped to the trans-nomadity, and relations among disciplines support each other. Through a shifting, various and

Preface

Enunciation. Originalities between universes appear through this separation and division. This fragmentation of forms of evaluation defines the understanding of our time. For instance, the collection bought by a Renaissance prince was objects of prestige or cabinet of curiosities rather than a collection of works. Today the religious works of medieval craftsman correspond to works of art and we now are quite closed to the understanding of that period. And the fact that things which seem only cultural and technological appear as aesthetic objects to us is quite distant to that period's understanding as well. Guattari writes merely this: according to Collective Assemblages of Enunciation, it's now possible again to display Cubist artists together with the objects that they have been influenced. Or an art history which sets off from Aby Warburg can now juxtapose the anthropological and the aesthetic. The relational is repositioned into a new enunciation. How much can an aesthetic semiotics in which the historical, the economic, the cultural, the mythological or the artistic that are separate from each other, reunite again today? Leaning on a phrase of Marcel Duchamp, Felix Guattari poses the question of how can finite and infinite universes would intersect: 'Art is a way that goes to the territories which do not arrange time and space'. The point is the reorganization of thought, activity, and affects without time and space. These make the finite

Assemblages of Enunciation", he underlines that art initially could not separate from family and social relations. Thanks to the crystallization of subjectivity in modern times, art, which articulates this process, becomes a field of privilege. In archaic societies there is multi semiotics rather than individuation. Everyone has transitive identities, and therefore uniting around one identity did not happen at that time just as in modern times the notion of identity is still an ambiguous one and identities emerge at different intersections of partial subjectivities. In this sense it's quite distant to a Durkheimian division of labour. According to Felix Guattari[4], there is no aesthetic field isolated from political, economic, religious, and social fields. He elaborates the idea that through deterritorialization of Collective Assemblages of Enunciation, subjectivity tends to a sort of individuation. As we think about the multitude of people's names in many archaic societies, we may notice that sophistication and multi-namedness begin to disappear. Instead, new formations occur and we notice that multi-names begin to diminish. Besides, we can say that by abandoning multitudes, universes of existences are atomized. About this change, Felix Guattari asserts the deterritorialization of Collective Assemblages of

---

[4]   Felix Guattari, ibid , p. 138

Preface

Duchamp.[2] According to this, when Bourriaud tells the story of how being embedded in a symbolic sociality within the viewer's perspectivist gaze, along the historical line which goes from the image-form of divine existence to the perspective centred projection management of Renaissance, turned into a synchronic gaze with modern arts, he also emphasizes through Rothko and Pollock that in American painting, the viewer is wrapped up and even overwhelmed by a medium made up of colours. On the assumption that the "effect aimed" by the icons by this wrapping has similarities, he underlines the humanitarian aspect which is directed to a formal medium. Nicolas Bourriaud points out that in Eric Troncy the effect of this wrapping space which overwhelms the viewer within a constructed medium is "all around" and he argues that this is just the opposite of "all over". Therefore "emotion seems a sort of power of interaction between the viewer and the artist'.

Guattari's text *New Aesthetic Paradigm*, which underlies this discussion, begins with an emphasis that art had divorced from its social and anthropo-ethnological aspect and entered a field of artistic originality in the late archaic societies.[3] Through his concept of "Collective

---

[2] Nicolas Bourriaud, *İlişkisel* Estetik, Translated by: Saadet Özen, Bağlam Publishing, Istanbul, 2005

[3] Felix Guattari, *Chaosmose*, Galiee, 1992

Bourriaud and Sans, who brought a new dynamic to the museum conception in Paris, recorded a breakthrough in terms of reclaiming the prestige of France that was fading out from contemporary art world.

Eric Alliez's criticism is to the emphasis on time that Nicolas Bourriaud wrote in the catalogue of 2005 Lyon Biennial in France. He indicates Bourriaud's notion of "inter subjectivity" which emphasizes the relationship of revolutionary movements of 1960s and 1970s to the present. He seems to find it meaningless that a politics represented by micropolitics of inter-subjectivity to try to revive micropolitics of relationality. And accordingly, "the schizophrenia of relational aesthetics seems to be a function of alternative democratization that emerges with its *surfing* on the new universals of communication". Through this approach Eric Alliez makes us think that he, in a classical way, criticizes 'the game' that biennials, triennials and curators 'play with capitalism'. His emphasis on biennials' realizing the marketing of cities in terms of articulation to 'united world capitalism' seems close to Brian Holmes's critical approach.

In the last chapter of *Relational Aesthetics* (this text was previously published in *Chimere*'s special issue on Guattari, No:21, 1994) Nicolas Bourriaud touches on Guattari's emphasis which was made in reference to

Preface

Bourriaud, on the other hand, emphasizes that a "condemnation" to postmodernism in early 1990s in which the extreme right ambitions were not that strong, has been more of a chance than an exception. That is to say, ".nstead of trying to construct the world through a stereotypical idea of historical evolution" the real problem is "learning to lead a better life in the world". The function of contemporary art seems to find out not the utopia but the ways of existence within present reality. In order to question the relationship between relational aesthetics and popular culture, Eric Alliez begins with the criticism of Nicolas Bourriaud and Jerome Sans's curatorship in the exhibition "White Nights", which was organized by the municipality of Paris. In fact, as someone who has seen the exhibition, I would like to say that in this exhibition which was one of the most interesting within "White Nights" series, the approach of Bourriaud and Sans presented the character of a huge biennial. I remember that the exhibition was successful in terms of the places chosen and the ways in which the installations were placed. In the city where I have been for my works at INHA (Institute last of National Art History), the exhibition took place in 2006 and it was one of the last cooperations of Nicolas Bourriaud and Jerome Sans(who had interestingly left Palais de Tokyo before the Lyon Biennial.) Although they have been criticized in many ways, exhibitions of translate in another way, inter-subjectivity, take us to a philosophical contradiction, as it is a concept, which belongs to Habermasian thought and foreign to both Deleuze and Guattari as well as to Lyotard. Nevertheless, when we consider that Bourriaud's choice relates to the perception of art, we may certainly conclude that a view leaning on Marcel Duchamp would naturally lead to a relationality that lies in the fact that meaning is assigned to art both by the artist and the viewer.

Considering contemporary art's condition towards popular culture, Eric Alliez's text emphasizes that criticality, even in relationality, in its schizoanalytic view cannot be reduced to inter-subjectivity. It is necessary to see that criticality, which is in a world politically conquered by populist or popular culture, now could only be achieved through the criticism of popular culture and not through populism. When Alliez refers to the Western countries such as Austria and France in which right wing extremism is on significant rise, he considers the questioning of the boundaries between popular culture and populism. If this kind of modernism leads to a "State of Exception", then it is related with the aestheticization of art. Even if there is a communism, that is a "capital communism". Eric Alliez emphasizes that 'Schizophrenia and Consensus" function together within capitalism which belongs to the reproduced power of liberalism.

Preface

exhaustion of modernism, "relational aesthetics" as a kind of continuation of Greenberg-like formalism or minimalist or conceptual statements, carries in the first place, a sort of inheritance. But this inheritance which according to Bourriaud is now "discharged", is still being used within the field of contemporary art practices. To quote him again, "what is dead is not modernism but its teleological and idealistic aspect." Art began to function through other democratic practices when it withdrew to the headquarters of avant-gardism. Here Bourriaud mentions Althusser's "keeping up with the tempo of constantly moving world", Gilles Deleuze's "rhizomes appearing in the midst", and Michel de Certeau's "heirship of present culture". And in the political sense Bourriaud emphasizes that art would seem arid to those with a 'democratic centrist' mind. However, by quoting a sentence from Maurizio Cattelane, he underlines his idea that a period of "Dolce Utopia" has begun. Thus, relational art emphasizes the requirement of a new approach dealing with art separated from symbolic forms (Panofsky) and autonomy (Greenberg). Accordingly we may say that, sociologically, we are now in the period of megalopolis. Hence Bourriaud discusses about contemporary art within network societies (Deleuze-Guattari and Bruno Latour) functioning through other social forms and which are displacing nation states. But his claim of mutual subjectivity, or to

9

Nicolas Bourriaud achieved a sociologically comparative reading of progress in contemporary arts in relation to the condition of technology and of the social: Pop art and minimalist art of 1960s had emerged upon industrial production and mass consumption, and Pop was the art of supermarket and of the consumer society. However, conceptual art developed in connection with governmental aesthetics and service industry. The early 1970s of conceptual art is also the beginning of computerization. In this sense, it is read "timelessly" through a Nietzschean concept. When the microcomputer appeared in 1975 and Apple II emerged in 1977, the Art& Language group was continuing to study, and On Kawara had constructed "its own marking system within files". *Sampling* as the name of common medium, matched in a musical sense with Barthes' and Foucault's "death of the author". Douglas Gordon's works and his emission of "Psycho" in 24 hours led art to deal with recycling and started the process of making an art from the ready-mades.

Nicolas Bourriaud writes that "the forms and functions of artistic activity are not fixed essences but a game which evolves in accordance with shifting eras and societies." The book begins with a sentence emphasizing art as an historical and paradigmatic transformation. So art critics must search and analyze this shifting condition. After the

PREFACE

Reconsideration of artistic turn in 1990s has entered a new phase through Nicolas Bourriaud's work, '*Relational Aesthetics*'. In 1990s, art begins to function as contemporary art through preexisting forms, works and usages. More and more artists produce works referring to existing ones. According to Bourriaud, "cultural products are being interpreted and reinterpreted."[1] Furthermore, Bourriaud compares such works to "a DJ and a programmer." Artists, first, began to create models of sociality and then they realized practices such as appropriation, copying, referring, implying, recalling, comparison, and reusing. If we reflect upon the frequent discussions in Turkey, which are based on questions as "Did s/he copy or steal this?" we may recall the phenomenon of the transition between the notions of reproduction and copy are never being questioned. *Postproduction* and *Relational Aesthetics* have launched a condition of art which is theorized through such practices of artists.

---

[1] Nicolas Bouriaud, *Postprodüksiyon*, Translated by: Nermin Saybaşılı, Bağlam Publishing, 2004, p.22

CONTENTS

PREFACE / ALİ AKAY 7

CAPITALISM AND SCHIZOPHRENIA AND CONSENSUS.
OF RELATIONAL AESTHETICS 19

Populist Prologue 19

The scenario of the special effect 24

Altermodern Epilogue 45

Bağlam Publishing 324
Theoria Series-27
ISBN 978-605-5809-21-8

Editör of the Theoria Series: Ali Akay

Eric Alliez

Capitalism and Schizophrenia and Consensus. Of Relational Aesthetics

© Eric Alliez
© Bağlam Yayıncılık

First Edition: April 2010
Book Design: Canan Suner
Edited by Ebru Yetişkin
Cover Photo: Eric Alliez, *One + One,* 2008
Printed by: Önsöz Basım Yayıncılık
Feritpaşa Caddesi Sıraevler Sokak No: 16 Bahçelievler / İstanbul

BAĞLAM PUBLISHING Ankara Cad. 13/1 34410 Cağaloğlu/İstanbul
Tel: (0212) 513 59 68 / 244 41 60 Tel-Faks: (0212) 243 17 27
Web: www.baglam.com e-mail: baglam@baglam.com

CAPITALISM AND SCHIZOPHRENIA
AND CONSENSUS.
OF RELATIONAL AESTHETICS

ERIC ALLIEZ

BAĞLAM

Éric Alliez, is Professor of Contemporary French Philosophy at the Centre for Research in Modern European Philosophy (Middlesex University, London).

His works include: *Les Temps capitaux* (preface by G. Deleuze), T.I, *Récits de la conquête du temps* (Paris: Cerf, 1991 [English Transl · *Capital Times*, Minneapolis: U. of Minnesota, 1997] - T. II, *La Capitale du temps*, Vol. 1: *L'Etat des choses* (Paris: Cerf, 1999); *La Signature du monde, ou Qu'est-ce que la philosophie de Deleuze et Guattari?* (Paris: Cerf, 1993) [English Transl. with two new appendixes: *The Signature of the World. Or What is the Philosophy of Deleuze and Guattari?*, London: Continuum, 2005]; *De l'impossibilité de la phénoménologie. Sur la philosophie française contemporaine* (Paris: Vrin, 1995); *Deleuze Philosophie Virtuelle* (Paris: Synthélabo, 1996); *Gilles Deleuze. Une Vie philosophique* (editor) (Paris: Synthélabo, 1998).

Most recent books: *La Pensée-Matisse* (with J.-Cl. Bonne) (Paris: Le Passage, 2005); *L'Œil-Cerveau. Nouvelles Histoires de la peinture moderne* (in collaboration with Jean-Clet Martin) (Paris: Vrin, 2007).

He is currently working on *Défaire l'Image*, the last volume of his 'aesthetic' research programme, in conjunction with which he has just published: «Corps sans organes, Corps sans image. L'Anti-Leviathan d'Ernesto Neto», in *A Culpa Civilizada. Ernesto Neto*, Musée des Beaux Arts de Nantes, 2009.

He is the *TransArt*'s Series editor (with E. Samsonow, Vienna: Turia + Kant, 1999/2000/2001/2003) and the editor of the *Œuvres de Gabriel Tarde* (Paris: Les Empêcheurs de penser en rond / Seuil, 1999-2004).

He is a founding member of the journal *Multitudes*, for which he managed the section concerned with Contemporary Art until Spring 2009.